U0139152

中國教育家的故事

兼論對教師專業與教學輔導教師的啟示

張德銳　著

五南圖書出版公司 印行

推薦序

　　教育是一種專業，是 20 世紀以來教育工作者追求的理想，然要達成這項目標，有其外在環境，也有其內在條件。西方對於教師培育的關注，從職前階段、逐漸延伸至教師在職進修、實習教師引導及教師專業發展（成長）。惟 1980 年以後，面對教師素質的低落與教師專業地位的受到挑戰，許多西方國家因應之道是為追求教師專業化，實施標準本位的師資培育，並訂定全國性教師專業標準。而我國師資培育的發展，也歷經類似過程。我國自 93 年起，在學界及師範教育學術團體呼籲，教育政策重點已非多元化而是專業化與優質化。在順應國外師資培育趨勢，我國 105 年教育部提出「中華民國教師專業標準及表現指標指引」，107 年教育部再依《師資培育法》先修正發布之《中華民國教師專業素養指引─師資職前教育階段暨師資職前教育課程基準》，提供師資培育之大學規劃師資培育課程。109 年再發布「終身學習的教師圖像」及「中華民國教師專業素養指引」。上述法規內容與西方相較，西方所訂的教師專業標準，較偏向專業與專門知識與技能面向，而忽略專業精神與態度面向，亦即以培養「經師」為主；而我國則同時強調專業與專門知識與技能、專業精神及專業倫理的培養；換言之，受到我國傳統師道觀的影響，強調良師需「經師」

與「人師」兼重。

然而，如何培養具有專業精神及專業倫理的人師，則是各師資培育機構的重大挑戰。19 世紀以降，西方師資培育機構主要是透過設置「教育史」課程，教授西方偉大教育家的理念與生平事蹟，希望能達成上述目標。但隨著教育學術發展，教育學門日趨分化，新興子學門不斷興起，及強調教育課程與實務的關聯性，以致教育史一科在中西師培課程日漸遭忽視，連帶教育精神與教育愛的培養也遭遺忘。

本書作者張德銳教授，從國立新竹師範學院服務起到輔仁大學，一直致力師範教育的教學與研究，從中小學師資職前培育階段，逐漸延伸到實習導入階段及在職教師專業發展階段。近二十年，更致力於臺北市教學輔導教師制度的建立，成績斐然。作者根據過去親身經驗，再結合中西教育史上重要的教育家思想與事蹟，揭櫫中西理想教師的圖像，以作為師資生及新手教師典範。先後撰成《中外教育家的故事：兼論在教師專業與教學輔導教師制度的啟示》（2020）、《臺灣現代教育家的故事：兼論對教師專業與教學輔導教師的啟示》（2021）兩書。透過 24 位中西教育家的教育事蹟與思想，提供良師典範（role-model），以發揮情感激發與理性啟蒙的功能。

如今又在前兩書的基礎上，作者再選孔子等 12 位中國古今教育家，先介紹其生平與教育事蹟與理念，然後再闡釋對於我國教師專業與教學輔導教師制度的啟示。這些大教育家多已為世人所熟知，但將 12 人一起觀看時，則會發現有以下共同點，一、他們多人出生基層，生長期間歷經辛苦，但多能發奮苦學而有成。二、人生發展歷經波折，但卻始終能以濟世為職志，透過獻身教育事業，以培養下一代

為己任。三、雖都有重要的學術思想或學說傳世，但感動的卻是他們的熱血精神，在顛沛流離、人生困境之際，始終未改初衷。在這個充滿價值衝突、教師專業受到各方挑戰的年代，這正是未來教育工作者所需要具備的特質。在意識形態充斥的年代，作者能以客觀立場，挑選我國過去偉大的教育家典範，由感性視角出發，提供了一條培養教師教育愛的可行之途；且同時可繼續協助建構我國「教學輔導教師制度」的理論架構。

周愚文

謹識於國立臺灣師範大學教育學系

中華民國 111 年 4 月 3 日

自　序

　　筆者在寫完《中外教育家的故事：兼論在教師專業與教學輔導教師制度的啟示》以及《臺灣現代教育家的故事：兼論對教師專業與教學輔導教師制的啟示》這兩本書後，接著以一年的時間完成本書。

　　我撰寫這一系列書籍的主要動機在於「弘揚師道」，也就是把古今中外足以為人師表的聖哲和教育家，將他們的生平事蹟和教育思想作平實而簡要的介紹，使現代教師以及想要成為好老師的師培生有一個可以見賢思齊的楷模典範。畢竟，良師不但可以興國，更是每一位學生與家長所共同夢寐以求的。

　　「提升教師專業」是筆者撰寫的第二個動機。筆者自從四十多年前學師範、當老師以來，一直堅信教師專業不但係現代教師的生存與發展之道，更是教育發展的必由之路。很遺憾的，教師專業在當前受到政治力的介入和世俗化的影響，以及社會大眾對於教師工作的質疑下，實有日趨式微之虞，筆者深以為憂，乃把教育家的傳記與教師專業做連結，想對教師專業的提升略盡棉薄之力。

「推動教學輔導教師制度」是筆者撰寫的第三個動機。筆者在從事教師專業的倡議與推動歷程中，參與了許多教師專業成長方案，但一生懸命的還是「教學輔導教師制度」（mentor teacher program）。該制度是一個薪火相傳、貴人啟導的制度，由資深優良教師在培訓後，透過同儕協作，來幫助、支持與輔導初任教師、新進教師、自願成長教師以及教學困難教師，其成效經國內外三、四十年來的實徵研究，發現直接有助於受輔教師（即夥伴教師）之人際適應問題的解決、教學效能的精進、專業成長的正向態度，間接有助於學生學習成效的提升。是故，乃把教育家的傳記與教育思想與教學輔導教師做連結，希望對於教學輔導教師制度的推動有所助益。

本書選擇了孔子、墨子、董仲舒、韓愈、王安石、朱熹、王陽明、顧炎武、顏習齋、蔡元培、張伯苓、黃炎培等 12 位傳主。在選擇傳主的時候，主要考量的是其在教育上的影響力，以及在中國各重要朝代上，如周、漢、唐、宋、明、清、民國，皆有代表性的人物。另一個選擇的考量是不要呈現一家之言，儘量在思想上兼容並包，例如：孔子與墨子以及朱熹與王陽明，皆在思想上截然不同或有相當差異性與多樣性。

筆者在閱讀這些偉大教育家的事蹟與思想時，時而感到喜悅，但又時而感到嗟嘆。喜的是，能與古人交，能夠吸取其人生經驗與思想精萃，深深感受到學習喜悅，並產生傲效之志；嘆的是，這些教育家大多或遭困厄，或懷才不遇，或所作所為遭時人的誤解，而深感憤慨難平。但也就是這些偉大教育家有了這些不平凡的經驗，才能造就其在實際從事教育工作或者著書立說上有傑出的貢獻成就。我想古人如

是，今人亦若是。

　　本書得以完成，要深深感謝周愚文教授、丁一顧教授的審稿並提供修正意見。另丁一顧教授協助提供印刷經費，本書乃得以在臺北市推動教學輔導制度的中小學以及訪視諮詢教授們間加以流通。臺北市西湖國中退休校長劉榮嬋女士，協助潤飾文稿。何宥萱助理協助出版等事宜，亦表謝忱。

臺北市立大學、輔仁大學退休教授

張德銳 謹識

中華民國 111 年 3 月 29 日

目　錄

Contents

目　錄

Contents

目　錄

Contents

1

孔子　萬世師表、千秋典範

一、前言

孔子（西元前 551—前 479），係我國春秋時期著名的政治家、思想家、教育家。他是大政治家，但其政治生涯並不順遂；他是大思想家，其所開創的儒家學派，迄今仍為中華文化乃至於東北亞文化的思想主流；他更是大教育家，他首開私人興學之先河，培育弟子數千，其中多有成聖成賢者；他所遺留下來的師道典範，係後世教師的圭臬。是故，先略述其生平事蹟，再說明其教育學說，最後再闡述其生平事蹟與學說對教師專業與教學輔導教師的啟示。

二、生平簡述

依據匡亞明（1990）、張蓓蓓（1999）、孫小金（2001）、賈馥茗、林逢祺、洪仁進與葉坤靈（2003）的論述，孔子的生平可以簡述如下：

（一）出身平民，從小自立更生

孔子，名丘，字仲尼，魯國陬邑（今山東省曲阜市）人，祖籍宋國慄邑（今河南省夏邑縣）。孔子的祖先，是宋國的貴族。孔子父親叔梁紇，是孔門從宋國逃難到魯國後的第五代，雖因戰功而小有聲名，但終其一生只是一個武士和陬邑大夫的低階官員。

孔子出生後兩年，父親便去世了，家道衰微，乃降為平民階級。孔子自幼家境清寒，與寡母顏氏相依為命。為了養活母親，維持家

計，孔子很早就必須自食其力，從低賤的事做起。孔子曾說：「吾少也賤，故多能鄙事」（《論語‧子罕》）。孔子謀生的本領，就是「儒」的職業。「儒」在當時是給富貴人家相禮的一批人，專門靠爲別人舉行養生送死的禮儀來謀生。

幼年的孔子爲了謀生，不能像一般的兒童快樂地玩耍嬉戲，而是將祭祀用的禮器（俎豆）擺設起來，練習行禮演禮，來作爲一種遊戲。孔子年少時曾做過吹鼓手，在古代行禮儀時須使用鼓樂，而職司鼓樂的人當中，即有少年充當副手。

（二）十五而志於學，學有所成

魯昭公 5 年（西元前 537），時孔子 15 歲，孔子意識到要努力學習，經由教育才能改變命運，所以立志要做學問。靠著父輩的關係，由母親託人帶他到掌管周禮的魯國太師那裡學習禮儀。孔子學禮一方面學習各種禮的執行方法和程序；另一方面，他實地考察，「入太廟，每事問」，所以學習頗有成效，爲他贏得了好禮的名聲。

魯昭公 7 年（西元前 535），時孔子 17 歲，慈母顏氏在三十多歲便去世了，這對孔子是一個很大的打擊。然雪上加霜，這一年，魯國執政卿季武子宴請士一級的貴族，孔子去赴宴，卻被季氏家臣陽虎拒之門外。這對想要進入貴族社會的孔子而言，是一個當頭棒喝的侮辱和打擊，孔子只能默默承受，但也認識到父親的身世並沒有爲自己增添榮耀，而必須靠自己的努力才能出人頭地，因此更加奮發地學習。

孔子在 18 歲那年，做過爲魯國貴族管理倉庫的「委吏」，後來

又做了管理牛羊的「乘田」。孔子做人很忠心，處事很敬業，所以做得頗有成效。孟子在《孟子·萬章下》有云：「孔子嘗爲委吏矣，曰『會計當而已矣』。嘗爲乘田矣，曰『牛羊茁壯，長而已矣』。」

孔子白天努力工作，晚上刻苦學習。他雖然沒有在學校接受正規的教育，但由於自學，也掌握了貴族子弟的必修課程：禮、樂、射、御、書、數，總稱「六藝」。爲了學習，孔子經常向別人請教。他曾問禮與老子，學古官制於郯子，也曾向師襄學習彈琴和擊磬。孔子學習音樂是非常的認眞投入與執著深思。學一首曲子，他不只學會了演奏技巧，而且還要經過反覆的練習和思考，領會了曲子的旨趣神韻，體會到創作者的爲人風貌，這樣才能作罷。這種學習精神讓他的老師師襄感到敬佩。

（三）三十而立，辦學成名

魯昭公20年（西元前522），時孔子30歲，自稱「三十而立」。也就是確定了自己的人生方向──從事私人興學的教育事業。從此，一生中爲此努力耕耘，桃李滿天下，成爲孔子一生最大的成就。

孔子開設私學，打破了官方壟斷學術的局面，是中國教育史上從「學在官府」轉變爲「學移民間」的標誌。《論語·述而》有云：「自行束脩以上，吾未嘗無誨焉」。也就是說，不論貧富貴賤，只要一束乾肉向老師表達敬意，就可成爲孔子的門生。另外，孔子在教學上，不是採用灌輸式的教學，而是因材施教，依學生的學習狀況，進行恰到好處的點撥，讓學生個個開動腦筋，顯示出自己的才華，這樣所培養出來的學生，到了社會上才會是有用的人才。也就是這樣秉於「有

教無論」、「因材施教」的理念，而終年「誨人不倦」，才能造就顯著的教育成效。

然而，孔子辦學並非一下子就成功的，而是經過經年累月的努力，從最初的兩、三位學生，到孔門弟子三千，身通「六藝」者七十二人。《史記·孔子世家》記載：「孔子以詩、書、禮、樂教，弟子蓋三千焉，身通六藝者七十有二人。」這孔門七十二賢，是孔子思想和學說的堅定追隨者和實踐者，也是儒學的積極傳播者，係儒學在中國發展的使徒級人物。

在七十二賢中，又有孔門十哲。孔門十哲是孔子門下最優秀的十位學生的合稱。《論語·先進》記載，「子曰：從我於陳蔡者，皆不及門也。德行：顏淵、閔子騫、冉伯牛、仲弓；言語：子我、子貢；政事：冉有、子路；文學：子游、子夏。」可見，孔子的教育是多樣性的，而學生在所學的領域皆有獨特的成就。其中，品德高尚的有：顏淵、閔子騫、冉伯牛、仲弓；善於言談辯論的有：宰我、子貢；善於政治事務的有：冉有、季路；精通文學的有：子游、子夏。

（四）在魯從政，挑戰三卿

孔子的人生信條是：「篤信好學，守死善道。危邦不入，亂邦不居。天下有道則見，無道則隱」（《論語·秦伯》）。可見孔子有意願從政，因為從政不僅可以取得養家的俸祿，更重要的是施展所學，擔任治國平天下的重責大任。「學而優則仕」乃成為儒家的傳統之一。

魯定公 9 年（西元前 501），時孔子 51 歲，終於等到從政的機

會。初爲中都宰（中都，在今山東汶上縣，宰爲官名），雖然這只是季氏的陪臣，但是孔子做得相當不錯，在富民、教民以及「養生送死」的制度上都做出一些成績，成爲周圍地區效法的對象。

由於孔子聲譽日隆，因此很快地由地方官晉升爲魯國中央政權的「小司空」（主管工程營建的助理）。出任小司空不久，就再升爲魯國大司寇（主管司法訴訟），期間行攝相事。

魯定公 10 年（西元前 500），魯定公與齊景公會於夾谷（今山東省萊莞縣）和談。孔子以大司寇身分爲定公相禮。孔子認爲「雖有文事，必有武備」，事先做了必要的軍事準備。齊國想要劫持定公，孔子以禮斥之。齊君敬畏，遂定了盟約，並成功說服齊歸還侵占魯的汶陽等地。

魯定公 12 年（西元前 498），孔子爲重新確立魯公室的權威，策劃實施「墮三都」政治軍事行動計畫，希望能夠藉此削減魯國三個家族，即季孫氏、孟孫氏和叔孫氏的政治勢力，於是先拆毀叔孫氏之郈邑的城牆，再拆季孫氏之費邑的城牆，但是最後還是沒能圍攻成功孟孫氏的郕邑，功敗垂成。

魯定公 13 年（西元前 497），孔子時年 55。齊國害怕魯國得治，於是採用美人計，送了女樂八十名給魯國國君。定公與執政卿季桓子接受了女樂，君臣迷戀歌舞，多日不理朝政，孔子憂心忡忡。適時，孔子與季氏出現不和，孔子非常失望。不久魯國舉行郊祭，按慣例祭祀後要將祭肉送給每一個大夫們，但是卻故意漏掉了孔子。這表明季氏不想再任用孔子了，孔子乃在不得已的情況下離開魯國，到國外去尋找出路，開始了周遊列國的旅程。

（五）周遊列國，顛沛流離

　　魯定公 13 年春，孔子離開魯國，與一些願意跟隨的弟子，展開長達十四年的旅程。孔子出走的目的，仍是要透過「求仕」來「行道」，也就是尋求做官的機會來推行仁政。孔子胸懷天下，憂國憂民，甘願以一己之力來為百姓謀幸福。

　　孔子首先向西去了衛國，魯、衛兩國不僅相鄰，政治情勢也很類似。孔子到達衛國後，衛靈公按照孔子在魯國的待遇給予俸祿，卻不給官職。後來衛靈公聽信讒言，監視孔子，孔子遂於十月離開衛國去陳國。在經過匡地（今河南省長垣縣境）時，匡人誤認孔子為曾壓欺匡人的陽虎，圍困了孔子五天；後來又在蒲地（亦在河南省長垣縣境）遇上邑宰叛變，蒲人不讓通行，企圖強迫孔子參與他們的叛亂，不過孔子秉春秋大義，並沒有同意參與，被圍了數天後，經過一場激戰才得以脫困，乃折返衛國。

　　折返衛國後，衛靈公夫人南子與衛靈公相繼接見孔子，靈公比照魯國所給的待遇，聘任孔子出仕。但是衛靈公無心於政，只向孔子詢問兵陣之事，孔子並未獲得重用，於是在衛國待了三、四年後，再度離開衛國，啟程南下。此次經過曹國、宋國，在宋國邊境遭到宋國大夫桓魋惡意驅逐，最後一行人在陳國停留。

　　魯哀公 3 年（西元前 492），孔子時年 60，在陳國出仕，任職於陳國司城貞子之家。陳國是夾於吳、楚兩大國之間的小國，戰爭頻仍，孔子大約待了三年，未得重用，只好動身前往楚國。該年吳、楚於陳國交兵，孔子一行人在陳、蔡之間被圍困了七天，糧食耗盡，弟

子飢餒皆病，孔子依然講誦、弦歌不止，所幸最終得以脫困。孔子到達楚國蔡地，蔡地由楚臣葉公治理，葉公款待孔子，並向孔子請益為政之道。不過，孔子並沒有繼續向楚國都城前進，反而向北折返，途經陳國，於魯哀公7年（西元前488）再度回到衛國。

孔子回到衛國，弟子也跟著回到魯、衛一帶，仲由、高柴在衛國出仕，稍後冉求也回到魯國出仕，端木賜則是往來於魯、衛之間。一直到魯哀公11年（西元前484）的時候，魯國執政卿季康子派使臣前往衛國迎接孔子歸魯，於是68歲的孔子終於又回到魯國。

總體來說，孔子及其門徒周遊列國這十四年當中，顛沛流離，到處碰壁，歷經艱辛，總不得志，但是孔子仍不灰心，一心為追求理想而奮鬥不懈。

（六）老驥伏櫪，志在千里

孔子回到魯國後，自68歲到73歲去世為止，共五年時間，過著「公養之仕」的生活。魯國的執政卿季康子尊孔子為國老，受到魯國公家的供養。然而孔子並沒有閉門養老，依舊是「發憤忘食，樂以忘憂，不知老之將至云爾」（《論語‧述而》）。

孔子晚年除了當政治顧問之外，主要還是在整理古籍及講學論道。孔子整理古籍的原則，是「述而不作」、「信而好古」。他說：「蓋有不知而作之者，我無是也。」（《論語‧述而》）。另外，孔子要「多聞擇其善者而從之，多見而識之，知之次也。」也就是多向有關人士詢問，選擇言之有理、持之有故的說法，作多方面觀察並記錄下來。由此可見孔子治學之嚴謹。

孔子整理上古文獻，實際上是從青年時期就開始了，而在晚年發憤忘食下，以他的政治社會觀點，經過長年的努力，最後整理出《詩》、《書》、《禮》、《樂》、《易》、《春秋》，稱為「六經」。可以說是集上古文化的大成。

孔子回到魯國以後，專心的著書講學。雖然已經年邁，但是由於他的聲名遠播，從他求學的人仍不下數百人。他一邊整理六經，一邊用之於教學，教學與研究結合，錘鍊出更紮實的學問和事業。在數十年的教學實踐中，孔子累積了十分豐富的經驗。對於如何做一位好老師，如何教育學生的為師之道，孔子留下了無數至理名言，迄今仍為國人所遵循，這是孔子留給後人的寶貴精神遺產。

（七）泰山崩頹，哲人其萎

在孔子的晚年，不幸接踵而來。先是在孔子返回魯國的前一年，即魯哀公 10 年（西元前 485），孔子夫人丌官氏去世。孔夫人去世後的三年，即魯哀公 13 年（西元前 482），孔子的獨子孔鯉也去世了，享年 50 歲。

孔子對夫人與兒子的去世，雖感悲傷，但不及他的弟子顏回、子路死去時沉痛。魯哀公 13 年，孔子最得意的門生顏回先他而去，孔子十分悲傷，感慨昔日曾跟隨自己從陳國到蔡國去的學生們，此時卻都不在身邊受教了。魯哀公 15 年（西元前 480），孔子另一愛徒子路死於衛國內亂，而且還被剁成肉醬。經過這一系列打擊後，孔子知道自己時日不多了。

魯哀公 16 年 2 月 4 日（西元前 479 年 4 月 4 日），孔子時年 73

歲，子貢來見孔子，孔子拄杖依於門前遙遙相望。他責問子貢爲何那麼晚才來見自己。於是嘆息說：「泰山其頹乎！梁木其壞乎！哲人其萎乎！」（《孔子家語・終記解》）

七天後，即魯哀公 16 年 2 月 11 日（西元前 479 年 4 月 11 日），一代偉人孔子病卒，享年 73 歲，葬於曲阜城北泗水岸邊。孔門許多弟子爲之守墓三年，唯獨子貢爲孔子守墓六年，才離開。有一些孔門弟子及景仰孔子的魯國人，把家搬到墓地旁住下來，後來得名「孔里」。孔子的故居改爲廟堂，即「孔廟」。

三、教育學說

孔子的教育思想可從重視教育的作用、提倡有教無類、培養德才兼備的君子、以六藝六經爲教學內容、總結行之有效的教學方法、主張自覺修養德行、樹立教師典範等七方面，加以說明如下（孫培青，2000；賈馥茗等人，2003）：

（一）重視教育的作用

孔子認爲教育對社會發展有重要作用，是立國治國的三大要素（即庶、富、教）之一，教育的發展固然要建立在「庶」與「富」的經濟基礎上，但是教育可以改變社會，使國家走向富強康樂之路。

（二）提倡有教無類

孔子採「有教無類」原則，廣泛地吸收學生。弟子來自各諸侯

國，背景多年，出身於不同的階層，但大多數出身於平民，例如：窮居陋巷簞食瓢飲的顏回，也有商人出身，如曾從事投機販賣的子貢。還有少數出身貴族的，如魯國的孟懿子和南宮敬淑。

（三）培養德才兼備的君子

君子要有正確的理念，更有正確的立身之道，才是受人尊敬的有道德的人，而其一切作為和行為表現，自然都會中規中矩。除了道德以外，還要有可以從政的能力，這樣才是德才兼備的君子。

（四）六藝六經為教學內容

孔子所要培養的從政人才，是有道德文化的人才，既要德才兼備，又要文武合一，為了達成這個教育目的，他有選擇地安排了教學內容，即「六藝」與「六經」。「六藝」包括：禮、樂、射、御、書、數；「六經」則為《詩》、《書》、《禮》、《樂》、《易》、《春秋》。

（五）總結行之有效的教學方法

1. 學、思、行結合

孔子提倡學習知識面要廣泛，並且強調要在學習基礎上認真進行思考，把學習與思考結合起來。在論述學與思的關係時，他說：「學而不思則罔，思而不學則殆」（《論語・為政》）。另外，他主張「學以致用」，要將所學的知識用於社會實踐中，才是真知識。

2. 啟發誘導

孔子是東方最早提出啟發式教學的教育家。他認為不論學習知識或者培養道德，都要建立在學生自覺需要的基礎上，應充分發揮學生的主動性和積極性。他說：「不憤不啟，不悱不發，舉一隅不以三隅反，則不復也」（《論語‧述而》）。另外，為了幫助學生形塑遇事思考的習慣，培養善於獨立思考的能力，他反對機械式的灌輸，提倡啟發式教學。

3. 因材施教

孔子是我國歷史上首倡因材施教的教育家。他透過談話和個別觀察等方法，了解和熟悉學生間的個別差異，在此基礎上，根據各個學生的具體情況，採取不同的教育方法加以回應，培養出了德行、言語、政事、文學等多方面的人才。

4. 好學與實事求是的態度

孔子認為教學不是單方面的事，係需要師生雙方配合協作，教師要認真教書育人，學生則要好學樂學、不恥下問、實事求是。他說：「知之者不如好之者，好之者不如樂之者」（《論語‧雍也》）；「以能問於不能，以多問於寡；有若無，實若虛」（《論語‧泰伯》）；「由！誨汝知之乎？知之為知之，不知為不知，是知也」（《論語‧為政》）。

（六）主張自覺修養德行

孔子主張道德修養不是依靠外在強制，而是依賴自覺努力，他說：「仁遠乎哉？我欲仁，斯仁至矣」（《論語‧述而》）。在此一

基礎下，孔子提出「立志」、「克己」、「力行」、「中庸」、「內省」、「改過」等六個德育原則。

（七）樹立教師典範

孔子熱愛教育事業，敏而好學，具有豐富的實踐經驗，重視道德修養，因而具備優秀教師的品質與條件。事實上，他表現出下列教師的典範：

1. 學而不厭：「德之不脩，學之不講，聞義不能徙，不善不能改，是吾憂也。」（《論語·述而》）

2. 溫故知新：「溫故而知新，可以為師矣。」（《論語·為政》）

3. 誨人不倦：「愛之，能勿勞乎？忠焉，能勿誨乎？」（《論語·憲問》）

4. 以身作則：「其身正，不令而行；其身不正，雖令不從。」（《論語·子路》）

5. 愛護學生：「後生可畏，焉知來者之不如今也？」（《論語·子罕》）

6. 教學相長：子貢曰：「貧而無諂，富而無驕，何如？」子曰：「可也。未若貧而樂，富而好禮者也。」子貢曰：「《詩》云：『如切如磋，如琢如磨。』其斯之謂與？」子曰：「賜也，始可與言詩已矣！告諸往而知來者。」（《論語·學而》）

孔子乃教育宗師，在教育上表現了自己的思想和主張，更奠定了中華文化的基礎。明世宗嘉靖 9 年（1530）諡孔子為「至聖先師孔子」。清順治 14 年（1657）定稱為「至聖先師」，康熙 22 年（1683）

稱「萬世師表」。

四、對教師專業的啟示

綜觀孔子的事蹟與思想，有太多太多值得現代教師學習的地方，茲擇其要者略述之。在事蹟方面，孔子雖然出身微賤，但從不以微賤為恥；相反的，他不斷的激勵自己，透過不斷的學習與實踐，終成一代聖人。其奮發向上、追求人生理想的精神是很值得學習的。

孔子的學習基本上是自學成才的，但是他也向很多人求學問道，例如：問禮於老子，學古官制於郯子，學樂器於師襄。由此可見，教師的學習除了正規教育之外，還是可以透過自學以及向他人請益，來充實自己的知識體系。孔子說：「三人行，必有我師焉。擇其善者而從之，其不善者而改之」（《論語·述而》），便是這個道理。

孔子的學習是終身學習的。孔子從十五志於學開始，直至終老還是「發憤忘食，樂以忘憂，不知老之將至云爾」，誠為終身學習的典範。同樣的，現代教師的學習也必然是終身學習的，因為在今日知識發展一日千里的時代，沒有終身學習，肯定跟不上時代的。

學有所成之後，孔子無論做事或者做官固然皆有能力，但是其令人稱道的還是其治事非常忠謹，以及時時抱持敬業樂群的態度。無論做小吏或者大官，皆能一以貫之，所以都能做得有聲有色。同樣的，教師的專業能力固然重要，但是專業的精神與態度，才是決定教育成效的主要影響因素。

孔子做事和做學問都是非常有開創性的。在政治上，能夠建立

「養生送死」的制度以及不畏強權，規劃與執行「墮三都」的政治軍事行動計畫。在教育上，首開「私人興學」之先河，對於我國的教育發展產生極為深遠的影響。同樣的，教師的教學工作也不能墨守成規，應該隨著教學的發展趨勢，實施課程與教學上的創新，這樣才能帶給學生更優質的教育。

孔子最令人佩服的是他那種於顛沛流離的苦難中，仍不屈不撓，奮發向上的毅力和精神。誠如《太史公自序》中所說的：「昔西伯拘羑里，演周易；孔子厄陳蔡，作春秋；屈原放逐，著離騷；左丘失明，厥有國語；孫子臏腳，而論兵法；不韋遷蜀，世傳呂覽；韓非囚秦，說難、孤憤；詩三百篇，大抵賢聖發憤之所為作也。」是故，苦難往往是一個人成就的「逆助緣」，就當視我們如何面對苦難的態度了。

在教育學說上，孔子給教師的最大啟示，還是在「有教無類」以及「因材施教」這兩個大原則上。唯有「有教無類」，才能落實人類追求教育機會均等的理想，讓處於社經文化不利地位的學童有經由教育改變命運的機會。唯有「因材施教」，才能適應學生的個別差異，進而透過有效教學，把每一個學生都帶上來。

在教學內容上，孔子提倡六藝與六經的課程內容，是一個文武兼備、術德兼修的教育。同樣的，現代教育絕對不能僅偏重智育，而是要德、智、體、群、美五育均衡發展的教育。即使在智能發展上，也不能僅偏重一種智能的發展，而是要發展學生的多元智能。

在教學方法上，孔子的教學具有多樣性，他不是採取灌輸式的教學，而是採用啟發式教學。另外，孔子最喜愛用問答與討論的方法，

而整部《論語》正是孔子「應答弟子與時人」的紀錄。是故，為提升教學效能，現代的教師應該運用多元的教學方法，例如：除了講述之外，更要善用個別實作、合作學習、全班討論等方式。

在學生的學習上，孔子主張「自主學習」以及「學、行、思」的結合。是故，現代教師宜尊重學生的學習興趣，養成學生主動學習的習慣，讓學生為自己的學習作選擇，並為這些選擇負責。當然，學習要有成效，更有賴學生能對教學內容做深入的思考，以及將學習內容應用於真實的情境。

在樹立教師典範上，教師在「學而不厭」上，要保持一種「學如不及，猶恐失之」的積極精神狀態；在「溫故知新」上，除要經常複習舊知識，又要探索創新；在「誨人不倦」上，要積極教導學生並對學生的學習負責；在「以身作則」上，時時刻刻，作學生的表率；在「愛護學生」上，展現對學生的教育愛，特別是價值層次愈低的兒童，更需要教師的關愛；在「教學相長」上，老師要注意與學生的良性互動，並向學生學習。

五、對教學輔導教師的啟示

孔子的事蹟與思想，對「教學輔導教師」（mentor teacher）亦有許多啟示。首先，教學輔導是一個需要學習的專業。要成為一位優秀的教學輔導教師，固然要以成為優秀教師為先決條件。但是一位好老師，並不一定是一位勝任的教學輔導教師。要成為一位優秀的教學輔導教師，還是要參與教學輔導理論與實務方面的職前培訓，之後在

輔導夥伴教師的過程中，不斷累積經驗，並且化智成慧，建構自己的教學輔導實務智慧。

一位優秀的教學輔導教師要像孔子一樣，是一位終身學習者。教學輔導理論與實務的發展，相當的快速。唯有不斷吸取新的教學輔導資訊，例如：「e化輔導」（e-mentoring），才能跟上教學輔導的助人專業，成為一位卓越的教學輔導教師。

除了教學輔導的知識基礎之外，服務的熱忱與態度才是確保教學輔導教師成功的最主要因素。是故，如何具有「服務領導」（servant leadership）的理念，願意主動以溫暖的態度，對夥伴教師提供必要的協助、支持與輔導，才能讓夥伴教師感受到教學輔導教師的愛與關懷，而信任教學輔導教師，並願意接受輔導。「愛」與「信任」誠是教學輔導的成功關鍵。

在輔導對象上，教學輔導教師應有「有教無類」的理念，不但願意擔任初任教師與新進教師的師傅教師，對於自願成長的教師，特別是教學困難的教師更有輔導的責任與義務。如果能夠把教學困難的教師輔導成功，而轉變成為適任，甚至是優秀的教師，當可產生更高的附加價值。也就是說，無論是初任教師、自願成長的教師、或教學困難的教師，皆是教學輔導教師可以輔導介入的對象（統稱為夥伴教師，取其經由夥伴協作而共同成長之意），而不應有分別心。

在輔導方法上，教學輔導教師的工作是一個「貴人啟導」的歷程，是故應以啟發式的方法來引領夥伴教師成長，儘量減少或避免灌輸的方法。當然，「因材施教」也是一個很重要的輔導原則。也就是說，教學輔導教師宜根據夥伴教師的特質與需求，採用不同的輔導方

式，例如：個別輔導、團體輔導或社群式的輔導。總之，「多元優選」的輔導方式，是最能符合「因材施導」的原則。

要輔導成功，教學輔導教師要鼓勵夥伴教師進行「學、行、思」的歷程，也就是「做中學」、「行中思」的結合。唯有透過不斷的教學實踐，時時刻刻的自我反思以及與同事的專業對話，夥伴教師才能快速的成長，進而成為能「自主學習」的優秀教師。

最後，在輔導夥伴教師的過程中，勢必不會一帆風順，難免會遇到困難與挫折。這時，教學輔導教師如何反思自己的輔導作為，並秉持不屈不撓、奮發向上的精神，一定可以克服輔導的困境，帶領夥伴教師，攜手成長，共同造就「你好、我好、大家好」的理想境地。

六、結語

至聖先師孔子誠為我國的聖賢、儒家學派的開創者、偉大的教育家，他在道德、思想與教育上的成就，萬古流芳，永垂不朽。誠如司馬遷在《史記‧孔子世家》中所說的：「余讀孔氏書，想見其為人。適魯，觀仲尼廟堂車服禮器，諸生以時習禮其家，余祗回留之不能去云。天下君王至於賢人眾矣，當時則榮，沒則已焉。孔子布衣，傳十餘世，學者宗之。自天子王侯，中國言六藝者折中於夫子，可謂至聖矣！」在教育上，孔子的事蹟與學說更是令人崇高景仰。《詩經》有云：「高山仰止，景行行止。」雖不能至，然心嚮往之。誠哉斯語。

2

墨子 摩頂放踵利天下的熱血教育家

一、前言

墨子（西元前 468－前 376），係我國先秦時期一位偉大的思想家兼實行家，也是一位言行一致、身體力行的教育家。其摩頂放踵，以利天下的精神更是值得吾輩所學習與效法。是故，先略述其生平事蹟，再說明其教育學說，最後再闡述其生平事蹟與學說對教師專業與教學輔導教師的啟示。

二、生平簡述

依據王讚源（1986）、伍振鷟（1986）、邢兆良（1993）、焦國城（1997）、宋志明與李新會（2001）的論述，墨子的生平可以簡述如下：

（一）出身寒微，刻苦力學

墨子，這位曾在春秋戰國時代具有深遠影響力的哲人，隨著其學說的驟然沈寂，以致司馬遷在《史記》中並沒有為這樣一位重要的人物立傳，僅在〈孟荀列傳〉之末附帶幾句話介紹：「蓋墨翟宋之大夫，善守禦，為節用，或曰並孔子時，或曰在其後。」這寥寥 24 個字並沒有將墨子的生平交待清楚，而且用的是疑惑之辭，以致後代對於墨子的姓名、籍貫、生卒、以及事蹟等，有許多的爭論。

墨子，姓墨，名翟，魯國人（今山東藤縣），一說係宋國人。清代古文經學家孫詒讓在《墨子間詁》一書中指出，根據他的考證，墨

子約生於西元前 468 年（周貞定王元年），卒於西元前 376 年（周安王 26 年）。

關於墨子的家庭生活狀況無法加以考證，但墨子出身貧賤，始終為平民，當時稱為「賤民」。賤民係從事勞動來謀生的人，例如：從事耕植的農民、手工業者及商人，以示和身為現職或世襲的貴族有所區別。由於墨子的身家背景，其終其一生，皆是以平民百姓的角度來思考問題，並且為基層民眾來發聲。

墨子雖然出身微賤，但是從不以貧窮為恥，反而非常努力的求學。由於出生於周文化搖籃的魯國，自小就受到周文化的洗禮，並且接受儒學的教育。《呂氏春秋・當染篇》有云：「魯惠公使宰讓請郊廟之禮於天子，桓王使史角往，惠公止之，其後在於魯，墨子學焉。」除了向史角學習儒家之術外，墨子也涉獵百國的史書，所以《莊子・天下篇》稱讚他「好學而博」。

墨子之勤奮好學可從《墨子・貴義篇》略窺一二。該篇記載有一天墨子南遊到衛國去，車中裝載很多的書。其弟子弦唐子見了很奇怪，就問道：「老師您曾教導公尚過說：『書不過用來衡量是非曲直罷了。』現在您裝載這麼多書，有什麼用處呢？」墨子回答說：「過去周公旦早晨讀一百篇書，晚上接見七十個讀書人。所以周公旦輔助天子，他的美善傳到了今天。我現在既沒有承擔國君授予的職事，也沒有農民耕種的艱難，我如何敢拋棄讀書呢？」可見墨子是一位以聖人自勉，刻苦勵學的人。

墨子不但學問好，而且手工技藝更是一流。他曾花費了三年的時間，精心研製出一種能夠在天空飛行一整天的木鳥（風箏、紙鳶），

成為中國古代風箏的創始人。他又是一位製造車輛的能手，可以在不到一日的時間內造出載重 30 石的車子。他所造的車子運行迅速又省力，且經久耐用又跑得很遠，不像木鳥的製作花費時間久，飛一天就壞了。所以他說：「故所爲巧，利於人謂之巧，不利於人謂之拙。」也正是「利於人謂之巧」這一理念，成爲他一生奮鬥的指標，也是他超越工藝技術的層次，成就偉大人格的動力。

（二）反對儒術，創立個性鮮明的墨家學派

墨子雖然精通六藝，但是由於其善於思考，不拘泥於成見的作學問態度，使他對當時儒學的弊病作了深刻、尖銳的批判。《淮南子・要略篇》中有云：「墨子學儒者之業，受孔子之術，以爲其禮煩擾而不說，厚葬靡財而貧民，服傷生而害事，故背周道而行夏政。」由此可見，墨子是一位極具創造性批判力的知識分子。

墨子在《墨子・公孟篇》中舉出其之所以反對儒學的四個理由：

儒之道足以喪天下者，四政焉。儒以天爲不明，以鬼爲不神，天鬼不說，此足以喪天下。又厚葬久喪，重爲棺槨，多爲衣衾，送死若徙，三年哭泣，扶後起，杖後行，耳無聞，目無見，此足以喪天下。又弦歌鼓舞，習爲聲樂，此足以喪天下。又以命爲有，貧富壽夭，治亂安危有極矣，不可損益也，爲上者行之，必不聽治矣；爲下者行之，必不從事矣，此足以喪天下。

梁啟超在《墨子學案》一書中指出，墨子因為儒者不悅天鬼，所以提倡「天志」、「明鬼」；因為儒者厚葬久喪，所以要「節葬」；因為儒者最重音樂，大搞排場，所以要「非樂」；因為儒者相信命運的主宰，所以主張「非命」；因為儒者主張「親親有術，尊賢有等」的「別愛」，所以倡導「兼愛」，這五個主義實為對儒學的反動。此外，因為墨子倡導兼愛所以力主「非攻」；反對士大夫階層的鋪張浪費，所以倡導「節用」；因為尊重人才，認為人才不應以出身論貴賤，所以主張「尚賢」；政治要能清明，須由賢明的統治者來統一法制的標準，所以主張「尚同」。「兼愛」、「非攻」、「尚賢」、「尚同」、「天志」、「明鬼」、「非命」、「非樂」、「節葬」、「節用」這十個觀點，實為墨子的主要思想，其中尤以兼愛、非攻為核心，以節用、尚賢為支點，另外，亦創立了以幾何學、物理學、光學為突出成就的一整套科學理論。墨家在先秦時期影響很大，與儒家並稱兩個「顯學」。戰國時期的百家爭鳴，有「非儒即墨」之稱。

（三）成立墨家組織，致力教育與救世活動

墨子不但是一位學者，又是一位偉大的教育家。他繼孔子之後，在魯國私人興學，從事教育工作，終生未離教師的崗位。呂不韋在《呂氏春秋·當染篇》稱讚孔子與墨子說：

> 此二士者，無爵位以顯人，無賞祿以利人，舉天下之顯榮者必稱此二士也。皆死久矣，從屬彌眾，弟子彌豐，充滿天下，王公大人從而顯之，有愛子弟者隨而學焉，無時乏絕。

子貢、子夏、曾子學於孔子，田子方學於子貢，段干木學於子夏，吳起學於曾子。禽滑釐學於墨子，許犯學於禽滑釐，田繫學於許犯。孔、墨之後學顯榮於天下者眾矣，不可勝數，皆所染者得當也。

墨子開辦的學校係一個有自覺的綱領、有明確組織形式和嚴密紀律的團體。其組織成員自稱爲「墨者」，其首領被尊稱爲「鉅子」。「鉅子」是仿效古代氏族部落的禪讓制度所選舉產生者，墨子便是墨家的第一位鉅子。

在墨子的領導下，墨者集團既是一所強調實踐和獻身精神的流動學團，平時有系統地進行社會科學與自然科學的綜合教育；戰時則是一支召之即來，能戰能守，訓練有素的隊伍。這支隊伍可以爲實現「兼相愛、交相利」的理想而摩頂放踵，獻身爲義。《淮南王書》有云：「亦謂墨子服役者百八十人，皆可使赴火蹈刃，死不旋踵。」

（四）摩頂放踵，以利天下

墨子不但是一位具有獨創精神的思想家，而且又是一位偉大的實踐者。他一生最佩服的人是以治水揚名的大禹。墨子思想深受堯舜禹湯文武等聖王的影響，但是墨子卻特別推崇大禹，視大禹爲偶像，這主要表現在三個方面，其一是大禹採用疏導的科學治水方法，而墨子正是春秋戰國時代最重視科學的思想家；其二是，大禹治水時不辭勞苦，親力親爲，這與墨子願爲世人擔當苦難的苦行精神是一致的；其三是，大禹「愛人」之明德，正與墨子兼愛的核心思想非常一致。

《孟子・盡心上》：「墨子兼愛，摩頂放踵，利天下爲。」墨子身處戰亂頻仍，以強凌弱、以眾暴寡、以富欺貧的亂世，卻仍以憂國憂民、勇者無敵的姿態，周遊列國，到處宣揚自己的理念，以自己卓越的人格和深厚的學理來面對社會現實中的諸多不公不義。其間棲棲惶惶，歷經坎坷，席不暇暖，夜不安寢地奔走於當時的宋、楚、齊、衛、越、魏諸國，以消弭諸國之間的戰爭、促進各國的和平相處爲己任，因爲墨子深知戰爭的最大受害者便是受苦受難的普通老百姓。

　　據考證，經墨子運用謀略和誠意阻止的戰爭就有十幾次。其中，最著名的事迹之一，便是成功地制止了楚國攻打宋國的戰爭，史稱「止楚攻宋」。《墨子・公輸篇》記載，楚國準備攻打宋國，請著名工匠公輸般（即魯班）製造攻城的雲梯等器械。墨子正在家鄉講學，聽到消息後非常著急，一面安排大弟子禽滑釐帶領三百名精壯弟子，幫助宋國守城，另一面親自出馬勸阻楚王。墨子急急忙忙，日夜兼行，走了十天十夜，走到腳底都起泡了。到達郢都（今湖北的宣城）後，先找到公輸般，說服他停止製造攻宋的武器，公輸般引薦墨子見楚王。墨子說：「現在有一個人，想丟掉自己的彩飾馬車，偷鄰居的破車子；想丟掉自己的華麗衣裳，偷鄰居的粗布衣，這是個怎麼樣的人呢？」楚王不假思索地答道：「這個人一定有偷竊狂吧！」墨子趁機對楚王說：「楚國方圓五千里，土地富饒，物產豐富，而宋國疆域狹窄，資源貧困。兩相對比，正如彩車與破車、錦繡與破衣。大王攻打宋國，不正如偷竊狂一樣？」楚王自知說不過墨子，便借公輸般已造好攻城器械爲由，拒絕放棄攻宋的決定。墨子便用腰帶模擬城牆，以木片表示各種器械，同公輸般演習各種攻守戰陣。公輸般組織了九

次進攻，結果九次都被墨子一一擊破。公輸般認輸後故意說：「我知道怎麼贏你，可我不說。」墨子答道：「我如道你如何贏我，我也不說。」楚王莫名其妙，便問道：「你們說的是什麼？」墨子義正辭嚴地說：「他以爲殺了我，宋國就守不住，但是，我早已布置好，我的大弟子禽滑釐能代替我用墨家製造的器械指揮守城，同宋國軍民一起嚴陣以待。所以即使殺了我，你也無法取勝。」這番話，澈底打消了楚王攻宋的念頭，楚王知道取勝無望，便放棄了攻打宋國的計畫。

此外，墨子還成功地阻止了齊國對魯國的侵略。《墨子‧墨問篇》記載，齊國將要攻打魯國，墨子對齊國率兵的大將項子牛說：「攻伐魯國，是齊國的大錯。從前吳王夫差向東攻打越國，越王勾踐困居在會稽；向西攻打楚國，楚國人在隨地保衛楚昭王；向北攻打齊國，俘虜齊將押回吳國。後來諸侯來報仇，百姓苦於疲憊，不肯爲吳王效力，因此國家滅亡了，吳王自身也成爲刑戮之人。從前智伯攻伐范氏與中行氏的封地，兼有三晉卿的土地。諸侯來報仇，百姓苦於疲憊而不肯效力，國家滅亡了，他自己也成爲刑戮之人，也由於這個緣故。所以大國攻打小國，是互相殘害，災禍必定反及於本國。」項子牛被墨子豐富的知識、精到的說理和高尚的人格所折服，所以呈報齊王，放棄了這次的軍事行動。

在周遊列國方面，《墨子‧貴義篇》記載，墨子曾南遊到了楚國，想要獻書給楚惠王，楚惠王借口自己年老推辭了，派穆賀會見墨子。墨子勸說穆賀，穆賀非常高興，對墨子說：「你的主張確實好啊，但君王是天下的大王，恐怕會認爲這是一個普通百姓的主張而不加採用吧！」墨子答道：「只要它能行之有效就行了，比如藥，是一

把草根，天子吃了它，用以治癒自己的疾病，難道會認為是一把草根而不吃嗎？現在農民繳納租稅給貴族，貴族大人們釀美酒、造祭品，用來祭祀上帝、鬼神，難道會認為這是普通百姓做的而不享用嗎？」雖然穆賀同意墨子的觀點，但是惠王仍沒有採納墨子的學說。後來，楚國有一位仰慕墨子人格和智慧的大臣叫魯文君，覺得惠王這樣對待墨子是不合適的，便向惠王進言：「墨子是北方的聖賢，此次來獻書大王，你對他這樣不重視，難免有輕慢待士的嫌疑，恐怕會遭受世人的譏笑。」惠王聽後覺得言之有理，馬上託人把墨子請回來，並答應給墨子五百里的封地。但墨子始終堅持其「道不行不受其賞」的原則，委婉拒絕了。

（五）獨尊儒術，墨術消亡

墨子死後，墨學曾呈現短暫的繁榮景象。《呂氏春秋・當染篇》有云：「（孔墨）皆死久矣，從屬彌眾，弟子彌豐，充滿天下。」可惜好景不常，秦始皇之焚書坑儒，鉗制天下的作為，也使墨學走向了衰落之途。

儘管墨學在秦代已逐漸衰微，但在西漢仍有倡導者和影響力。到了漢武帝時，董仲舒（西元前 179－前 104）建議罷黜百家，獨尊儒術，重新建構新的統治方略，為官方所接受，並在全國下令執行，和儒學相互敵視和排斥的墨學遂趨於沉寂，乃成為絕學。

（六）墨學中興，墨家成就重新獲得肯定

墨學在中古時代幾近失傳。所幸在明末清初之後，許多學者如傅

山（1607-1684）、汪中（1745-1794）等人充分認識到《墨子》一書的巨大思想價值，並對該書開始進行校注和識讀，校墨、注墨、讀墨和解墨，從清朝中葉開始，乃逐漸形成一種頗具聲勢的文化運動，這一運動所結出的最大果實，就是孫詒讓（1848-1908）的《墨子間詁》。孫詒讓對墨學著述作了細緻的考證，並闡幽發微，申張正理，對墨學的復興做了很大的貢獻。

清末民初，西學傳入中國。在「西學」特別是其中的自然科學的映照下，墨學的價值與意義，才被彰顯出來。墨子學家欒調甫（1889-1972）有云：「道咸以降，西學東來，聲光化電，皆為時務。學人征古，經傳蔑如。墨子書多論光重幾何之理，足以頡頏西學。」於是在清末民初開始，幾乎家傳戶誦，人人言墨，墨學幾成「盈天下」之勢。墨者艱苦力行、求真理、愛和平的思想，以及有組織有紀律的行為，不但受國人所肯定，而且墨學在光學、力學、數學以及邏輯哲學方面的成就也再度發出歷史的光芒。

三、教育學說

依據孫培青（2000）的論述，墨子的教育思想可以從下列三方面簡要說明之：

（一）教育的作用和教育目的

1. 教育的作用
人性不是先天所形成，與生俱來的，生來的人性不過如同待染的

素絲。因此，下什麼色的染缸，就成什麼樣顏色的絲，也就是說有什麼樣的環境與教育就能造就什麼樣的人。因此，必須慎其所染，選擇所染。

2. 教育目的

教育目的在培養「兼士」或「賢士」，以實踐「兼相愛，交相利」的社會理想。兼士或賢士的三個具體標準係：「厚乎德行」、「辯乎言談」、「博乎道術」。

（二）教育內容

1. 政治和道德教育：透過「兼愛」實現人與人之間的平等和和睦；透過「非攻」去除強凌弱、眾暴寡的非正義征戰；透過「尚賢」破除世襲特權，實現賢人政治；透過「尚同」統一人們的視聽言行；透過「節葬」、「節用」、「非樂」制止費民耗財；透過「非命」鼓勵人們在社會實踐中自強不息；透過「天志」、「明鬼」來約束統治者謹慎行事。

2. 科學和技術教育：包括「生產和軍事科學技術知識教育」及「自然科學知識教育」，目的在於幫助「兼士」或「賢士」獲得「各從事其能」的實際本領。

3. 文史教育：墨子本人「通六藝之論」並讀過「百國春秋」，可見他博學而並不完全棄置儒家那種以六藝為主體的文史知識教育。但是墨子對於六藝是有選擇性、批判性的接受的。選擇標準在於是否能學好為實現「兼愛」有用的主張和本領，並應付諸實踐。

4. 培養思維能力的教育：包括認識和思想方法的教育、形式邏輯的教

育。目的在於鍛鍊和形成邏輯思維能力，善於與人辯論，以雄辯的邏輯力量去說服他人，推行自己的政治主張。

（三）教育方法

1. 主動：墨子不滿儒家「拱己以待」的教育方法，強調教育者的主動和主導性，但較忽視了啟發性，忽視學習必須具備的知識和心理的準備。
2. 創造：墨子批評儒家的「述而不作」，主張「古之善者則述之，今之善者則作之，欲善之益多也。」
3. 實踐：墨家的實踐除了道德的和社會政治之外，還有生產的、軍事的和科技的，他們「嘿（默）則思，言則誨，動則事」，無一刻歇止。
4. 量力：在施教時要考慮學生的力之所能及。量力有兩方面涵義，其一是要適合學生的精力，不宜備多力分；其二，是學生的知識水平，要深者深求，淺者淺求，該增則增，該減則減。

四、對教師專業的啟示

綜觀墨子的事蹟與思想，有許多值得現代教師學習的地方。在事蹟上，墨子最值得學習的是他那種「摩頂放踵，以利天下」的思想作為。就現代教師而言，如果一位老師肯為學生的福祉，不辭勞苦地磨禿頭頂，走破腳後跟，那絕對是一位肯犧牲奉獻的好老師，當誌之於杏壇芬芳錄。

墨子之所以能如此犧牲奉獻，最主要的是他出自民間，深知民間疾苦。同樣的，老師如果能主動接觸學生，時刻站在學生立場，了解學生在學習與生活上的種種問題，當能如墨子一樣的有悲天憫人之心，像墨子一樣救學生之苦於倒懸。

惟老師願意為學生服務、為學生犧牲奉獻，首先要充實自己。所以墨子那種出身雖鄙賤，但勤奮好學的精神是值得學習的。墨子自小即好學，及長在棲棲惶惶為眾生服務之計，仍不忘讀書，才能厚植其服務社會的本事。惟墨子所學的不僅是人文社會科學，而且在自然科學和邏輯學上特別有成就，也就是他的學習一種海納百川，卻學有專精的學習。

「學而不思則罔，思而不學則殆。」墨子對於儒家的學說，並不是全盤的接受，而是批判性的創造。透過反思及批判，乃能成一家之言，與儒學並稱顯學。是故教師除了學習之外，更重要的是經由反思與批判，能夠「化智成慧」，建構自己的教學實務智慧。

教師的學習可以是個人的，更可以是集體的。就像墨子能成立墨家組織，透過組織的學習，來成就彼此。是故現代的教師可以運用專業學習社群的方式來進行學習。同樣的，教師們亦可以運用團隊的力量，組成一個堅強的團隊，透過彼此的協同合作，來進行更有組織與系統性的教學、研究與服務。這種集體的力量，可以發揮一加一大於二的綜效。

在教育學說上，墨子能洞澈教育的作用，重視教育的功能。唯有透過教育，才能培養學生成為「厚乎德行」、「辯乎言談」、「博乎道術」的「兼士」與「賢士」，也就是文武並重、術德兼修，又有辯

才的國家棟梁。透過人才的培養，才能帶動國家政治、經濟、社會、文化、科技的發展。

在教育內容上，應該如墨學一樣，兼重政治和道德教育、科學和技術教育、文史教育。特別是墨學在科學技術知能的專門教育，是中國教育史上首先提出與實行的。所有這一切人文與科技兼通的教育實踐和教育思想，乃成為中國教育史上一份獨特的、很有前瞻性的寶貴遺產。

在教育方法上，墨子提醒做老師的我們，除了要主動積極的教學之外，在施教時要考慮學生的精力和知識水準，在教學內容、方法、以及評量上要加以配合和適應，這樣才能達成教學效果。這樣的概念與作法，其實與當代教育界所盛行的「差異化教學」（differentiated instruction）的理念相去不遠。

學生除了知識學習之外，更重要的是創造思考能力的培養。現代的「創造思考教學」即在鼓勵教師因時制宜，變化教學方法，啟發學生創造的動機，鼓勵學生創造的表現，以增進創造才能的發展。而創造才能的培養，才能有利於建構一個創新的社會。

最後，強調實踐的教育方法，也是墨子留給我們的一個精神遺產。「做中學，學中思」，誠是一個較佳的學習方法。邊做邊學，邊學邊做，不但能夠結合理論與實務，而且也才能發現事情的盲點在哪裡？這樣，學習方能融會貫通，較能趨向實務，更能在學有所成之後，有效地加以應用。

五、對教學輔導教師的啟示

墨子的事蹟與思想,對教學輔導教師亦有許多啟示。首先,做為一位教學輔導教師要有悲天憫人的情懷。也就是這種情懷,教學輔導教師看到初任教師在教學歷程中「載浮載沉」中,而願意伸出援手;看到自願成長的教師求知若渴,而願意分享教學經驗;看到教學困難的教師在教學困境中掙扎,而願意解除其倒懸。「慈悲」(compassion)不但是建構良善社會的關鍵要素,而且是教學輔導教師最需具備的人格特質。

其次,墨子的「兼愛」思想是教學輔導教師可以學習的。一位成功的教學輔導教師不但愛他的學生,也愛他的同事,願意為自己,也為學校的同儕教師的專業成長而「摩頂放踵,以利天下」。有了這樣的思想,當可以透過夥伴協作與領導,帶領夥伴教師走向共好的教學新境界。

墨子之所以能夠成功,不是只用個人的力量,而是透過墨家組織發揮團隊協作的力量。是故,教學輔導要能成功也要運用團隊的力量。例如:可以運用專業學習社群的方式,結合校內所有教學輔導教師,組成一個「良師俱樂部」。在社群中不但努力精進教學輔導知能,分享教學輔導經驗,也透過團隊協作的方式,帶給校內所有夥伴教師最好的服務。

要帶給夥伴教師最好的服務,首先要知道夥伴教師的需求與發展階段,這樣才能「量夥伴教師之力而為」,提供給夥伴教師最佳的輔導內容與輔導方法。「因材施教」固然是教育學生的一個大原則;

「因材施導」又未嘗不是貴人啟導的一個非常重要的原則。

　　除了要因材施導之外，提供給夥伴教師良好的成長環境，以及主動積極的服務也是很重要的輔導作為。就像墨子的教育學說中所言：「有什麼樣的環境與教育，就能造就什麼樣的人」，是故，如何提供夥伴教師一個良好的專業成長環境與支持系統，是學校在推動教學輔導教師制度時，所必須要充分考量的。其次，在支持的環境下，由教學輔導教師主動積極地提供夥伴教師適時適度的服務，這樣定能讓夥伴教師在良好的環境中悠然學習與成長。

　　最後，教學輔導教師所協助夥伴教師的學習，主要還是在實踐中學習，也就是「實踐本位的教師學習」（practice-based teacher learning）。教育理論固然很重要，但是如何結合理論與實務，以理論指導實務，以實務驗證理論，是教學輔導教師和夥伴教師在建構各自的教學實務智慧時，所必須共同面對的問題和挑戰。

六、結語

　　墨子是一位在戰亂世紀中橫空出世的傑出知識分子，是一位積極救世的政治活動家，是一位兼治人文社會科學與自然科學的思想家，更是一位誨人不倦的卓越教育家。在墨子身上，我們看到自由、平等、博愛的普世價值與光輝。他那種堅持真理，經世致用的治學精神，利國利民，兼愛天下的人道主義，以及摩頂放踵，以利天下的實際作為，是我們每一個教育人應該學習的典範。

3

董仲舒 儒學大師

一、前言

董仲舒先生（西元前179─前104），係我國漢朝著名的思想家、教育家、政治家，他順應時代的需要，提出罷黜百家、獨尊儒術的新儒學，為漢武帝所採納，完成中國傳統社會官方意識形態的重新建構，為此後兩千多年中國的歷史的發展作出了深遠的貢獻。是故，先略述其生平事蹟，再說明其教育學說，最後再闡述其生平事蹟與學說對教師專業與教學輔導教師的啟示。

二、生平簡述

依據韋政通（1986）、王永祥（1995）、黃振球（1998）、魏文華（2000）、馬勇（2001）、百度百科（2022）的論述，董仲舒先生的生平可以簡述如下：

（一）出身耕讀之家，專心向學

根據史料記載以及學者們的考證，董仲舒約於漢文帝元年（前179），生於景州廣川董故莊（今河北省景縣河渠鄉大董故莊村）。董仲舒的家庭是「文景盛世」時的一個相當富裕的農村家庭，家產「田連阡陌，牛馬成群」，且擁有大批的藏書，為董仲舒的勤奮修學，研讀經書，提供了良好的客觀環境。

董仲舒自幼學習就非常刻苦且專心。《漢書·董仲舒傳》有「蓋三年不窺園，其精如此」的讚譽。可見董仲舒為了專心讀書，三年未

曾到自家庭園遊憩，精心鑽研學問到如此的程度。另《太平御覽》亦有「董仲舒三年不窺園，嘗乘馬不覺牝牡，志在經傳也」之記述，可見董仲舒研讀經傳已達到如醉如痴的地步。

董仲舒研讀儒家經典不但專精，而且身體力行，所以才能修成有名的儒學大師。在《漢書·董仲舒傳》有「進退容止，非禮不行，學士皆師尊之」的美譽。因為董仲舒在學問與人品上皆為群儒之首，乃在漢景帝元年（西元前 156）與胡毋生、轅固生等，被立為博士官，乃至與漢武帝對策，一舉成名。

（二）設帳講學，桃李滿天下

董仲舒之所以能成為儒學大師，並不是單純熟讀儒家經典所致。他還廣泛學習了先秦諸子百家的學說，而能兼容並蓄之，然後自成一家之言。例如：他提出「天人感應說」即來自陰陽五行家的觀點；「德主刑輔」的思想，就把法家思想吸收進來；「陽為德，陰為刑」、「愛氣」、「養氣」思想，是黃老思想的內涵；「深察名號」的思想，則採自名家的觀點。

董仲舒學成之後即開始他的教學生涯。《漢書·董仲舒傳》有云：「下帷講誦，弟子傳以久次相授業，或莫見其面。」可見他的講學方式係在室內掛上帷幕，坐在帷幕後面講學，並且採用導生制或同儕輔導的方式，由先入學的弟子們對後入學的傳授學業，因為學生眾多，有的學生竟然沒有與董仲舒見過一面。

董仲舒桃李滿天下，而且學生們都很有成就。《史記·儒林略傳》有云：

> 仲舒弟子遂者：蘭陵褚大，廣川殷忠，溫呂步舒。褚大至梁
> 相。步舒至長史，持節使決淮南獄，於諸侯擅專斷，不報，
> 以春秋之義正之，天子皆以爲是。弟子通者，至於命大夫；
> 爲郎、謁者、掌故者以百數。而董仲舒子及孫皆以學至大官。

在眾多學生之中，呂步舒是董仲舒的大弟子，他學習不但刻苦，而且又非常聰穎，對其師所教的知識掌握得很透徹。董仲舒讓他上臺講學，學生們反映他的授課可以和其師並駕齊驅，其後並步其師的後塵，當了漢武帝的博士。呂步舒當長史的時候，能根據《春秋》經義公正斷案，很受漢武帝的認可。另外，除了褚大和殷忠也很有成就之外，弟子中官運通達的，都能做到了大夫的職位；當謁者、文學掌故的也有一百多人。而董仲舒的兒子和孫子也都因精通儒學做了高官。

（三）罷黜百家，獨尊儒術

漢武帝建元元年（西元前 140），朝廷爲擴大統治集團的基礎，遂「招舉賢良方正直言極諫之士」，由漢武帝親自策問以古今之道，對者多達百餘人。董仲舒作爲景帝時的博士，也應邀參加了這次的策對。

漢武帝對董仲舒的詢問連續進行了三次，董仲舒便三次上書應對，由於對策內容基本上關於天人關係的問題，所以他的對策被歷史學家稱爲「天人三策」。在天人三策中，董仲舒建議西漢王朝應放棄前朝所尊奉的「黃老之學」，改「無爲之治」爲「有爲之治」，並罷黜百家，獨尊儒術，重新建構新的統治方略。由於董仲舒的建議符

合西漢當時需要「大一統」的政治環境，很受漢武帝的欣賞，成為國策，影響中國的封建社會達兩千餘年之久。在《漢書·董仲舒傳》中，董仲舒說：

> 《春秋》大一統者，天地之常經，古今之通誼也。今師異道，人異論，百家殊方，指意不同，是以上亡以持一統；法制數變，下不知所守。臣愚以為諸不在六藝之科孔子之術者，皆絕其道，勿使並進。邪辟之說滅息，然後統紀可一而法度可明，民知所從矣。

（四）任江都相，仕途坎坷

在提出「天人三策」之後，董仲舒被漢武帝派到江都易王劉非那裡當國相。劉非是武帝的哥哥，為人蠻橫、粗暴，是一介武夫，且有篡權的野心，但是因為董仲舒是舉國知名的大儒，所以對董仲舒還是非常尊重。劉非曾把董仲舒比作輔助齊桓公稱霸諸侯的管仲，也就是希望董仲舒要像管仲輔助齊桓公一樣來輔助自己，以便來日能夠篡奪中央政權，當上漢朝的皇帝。

但是董仲舒是主張「春秋大一統」的，因此，對於劉非的提問，他借古喻今（以柳下惠不願意輔佐魯國國君攻打齊國作比喻）對劉非進行了規勸，指出所謂「仁人」，是「正其道不謀其利，修其理不急其功（應當遵循正道，不應急於取利；應當恪守理性，不應急於取得成果）」的賢明之士。致力於以德教化民眾而使社會風氣大變，才是

仁的最高境界，而不是稱王稱霸。

董仲舒為江都易王相六年，舉行不少祈雨止澇之類的活動，也為江都國的老百姓做了許多好事。但是因為竇太后為維護自己以黃老之術進行統治的尊嚴，下令罷免了丞相竇嬰、太尉田蚡的官，把御史大夫趙綰、郎中令王臧關入監獄。董仲舒也被貶為中大夫。

（五）災異之記，險遭大難

漢武帝建元6年（西元前135），皇帝祭祖的地方長陵高園殿、遼東高廟發生了大火，董仲舒認為這是宣揚天人感應的好機會，於是帶病堅持起草了一份奏章，以兩次火災說明上天已經對漢武帝發怒。結果奏章還沒上，正巧人品不好、喜好以告密升官的主父偃到董仲舒家做客，看見奏章，因嫉妒董仲舒的才華，就把奏章草稿偷走，交給了漢武帝。武帝看後勃然大怒，將其書昭示諸儒，包括他的大弟子呂步舒，在「不知其師書」的情況下，「以為大愚」，於是漢武帝將董仲舒罷官，並判處死刑。後來漢武帝因為憐惜其才，才又下詔赦免。從此，董仲舒不敢再說災異之事，而是回到老本行，從事教學活動，又教了十年的《公羊春秋》。

（六）東山再起，任膠西王相

漢武帝元朔四年（西元前125），在公孫弘擔任丞相的時候，董仲舒上書公孫弘，委婉地表達能在中央任官的願望。但公孫弘性好猜忌，外表寬厚但心機很深。凡是曾與他不合的人，雖表面上裝友善，後終究要予以報復。董仲舒為人正直，曾批評公孫弘阿諛奉承，引起

公孫弘的嫉恨，所以不但沒有推薦董仲舒到中央任職，反而將其推薦給膠西王劉端當國相。

劉端也是漢武帝的哥哥，他比劉非更兇殘、蠻橫，過去不少做過他國相的人都被殺掉或毒死。不僅如此，劉端也還是一個雄心勃勃，想要學齊桓公、越王勾踐稱霸諸侯的野心家。儘管董仲舒是知名的大儒，劉端對他還算敬重，但是他想要效法齊桓公善用管仲，越王勾踐任用大夫范蠡、文種、洩庸等三位仁人一樣，要董仲舒協助他實踐霸業。董仲舒在堅持大一統的思想下，用婉轉的語辭，拒絕了劉端無禮的要求，然後又用儒家的仁義道德理論匡正了劉端。

（七）稱病辭官，病逝家中

董仲舒在擔任膠西王相任內，一直提心吊膽，小心謹慎，深恐時間長了會遭到不測，遂於四年後以年老體弱多病為由，告老辭職回家。從此以後，結束了他的仕途生涯。董仲舒晚年對什麼事情都不過問，只是埋頭發憤讀書和寫作，以建構新儒學為己任。班固在《漢書・董仲舒傳》中說：「仲舒所著，皆明經術之意，及上疏條教，凡百二十三篇。而說《春秋》事得失，《聞舉》、《玉杯》、《蕃露》、《清明》、《竹林》之屬，復數十篇，十余萬言，皆傳於後世。」

雖然董仲舒辭去了官職，但是朝廷遇有大事，漢武帝還是會派人到他家向他請教，董仲舒都有很明確的看法。後來，張湯把詢問董仲舒的部分材料，整理為《春秋決獄》一書。董仲舒雖然養病在家，但仍十分關心朝政大事，甚至在臨終之前，還寫奏章給漢武帝，堅決反

對鹽鐵官賣這種與民爭利的政策。

漢武帝太初元年（西元前 104），董仲舒於家中病逝，死後葬於長安西郊，據傳有一次漢武帝駕幸芙蓉園，經過他的墓地，為了表彰其對漢王朝的貢獻，特別下馬致意。由此，董仲舒的墓地又名為「下馬陵」。

三、教育學說

依據黃振球（1998）的論述，董仲舒先生的教育思想可以從下列四方面簡要說明之：

（一）教育的重要

董仲舒認為人性待教而為善，故治國首重教化。故曰：「夫萬民之從利也，如水之走下，不以教化隄防之，不能止也。」

（二）教育目的

董仲舒認為教育目的在「化民成性」，使受教者從仁義，遠利欲；前者為向善，後者為止惡。

（三）教育政策

1. 設學校：董仲舒為化民成俗，防民利欲，主張在中央和地方皆要廣設學校以教萬民。
2. 養賢士：董仲舒主張興太學，以養天下賢士，蔚為國用。國家有了

治國之人才，便可興國安邦。

3. 統一學術：董仲舒力倡罷黜百家，獨尊孔子儒術。蓋儒家尊君抑民，貴秩序，頗合當時政治及社會環境。

4. 改革選舉：董仲舒主張用選舉制，補官學出身者之不足。乃建議下令州郡，每年要選舉秀才孝廉到中央錄用。選舉時，要選賢，而不是在選富。

（四）教學原理

1. 個性適應：教學須視學習者能力大小，以決定教材分量及教學進度。學習進行則宜循序漸進。

2. 注重興趣：教學須考察學生性情，凡天性所好而屬於善者要引導之，凡天性所惡而屬於惡者則除去之。能如此，便可事半功倍。

3. 努力不懈：學習成功，在於努力不懈。是故要嚴格督促學生，修學進德，令其勉力向學，篤行不懈。

4. 淨化環境：環境優良，雖欲為惡，亦不知所以為惡，而自然趨於行善。可見環境對教學的影響甚巨。

5. 探導生制：透過資深學生教導資淺學生，可以提供大量教育，普及教育。

四、對教師專業的啟示

　　綜觀董仲舒先生的事蹟與思想，有許多值得現代教師學習的地方。在事蹟上，董仲舒能專心向學，以致「三年不窺園」，是很好的

做學問的態度。做學問貴在持之以恆，如果能夠很專一的、持續的努力，即使不能像董仲舒一樣成為一位大學者，最後都會還是有所成就的。另外，在學習上不止專精於儒術，而且也能廣納百家的治學方法，也是很正確的。所謂「為學當如金字塔，要能博大要能高」便是這個道理。

董仲舒不只做學問成功，人品也好。學術與品德兼備，才能成為一代人人敬重的群儒之首。如果只有學問沒有人品，其學問將足以危害社會；如果只有人品，沒有學問，也不是經世濟民之才。術德兼修，才是為學之道。

董仲舒學有所成之後，能夠不獨善其身，而能將所學傳之於世，也是值得學習的。他設帳講學，以致桃李滿天下。弟子中各有所成，有成為教育家的，有成為政治家的，有成為思想家的。能夠集天下英才而教之，誠為人生之一大樂事。

董仲舒的教學方法很有創意。他除了個別教學和大班級教學之外，能夠善用導生制，這在二千多年前，實在是很難得的創意作法。這與現在教育界所流的「同儕輔導」（peer coaching）實有異曲同工之妙。

董仲舒「正其誼不謀其利，明其道不計其功」的精神是很令人敬佩的。就是因為這種精神，董仲舒才不會與兩位驕王同流合汙，而陷入當時的政治風暴。這兩句話若用在教學上，則啟示我們：做老師不應該為自己的升等而汲汲營營，若如此，則不為學生謀其利；當學生有優良學習成就時，不要強調是自己的功勞，若如此，則不為學生計其功。也就是說，功利主義並不符教育的原則。

惟董仲舒過於迷信以致險遭大難，是令人引以為戒的。「天人感應說」是董仲舒所提出的一套神學理論，成為當時君主獲得統治正當性的一個依據，同時也是儒生集團制衡君主的一個思想工具。天人感應說雖有哲學上的參考價值，但不盡符合科學精神，用在判斷事理上，更是要特別小心。要判斷事理，還是要有「有一分證據，說一分話」的科學素養。

在教育學說上，董仲舒能夠秉持教育的重要性，而倡導公學與私學並重、中央與地方教育機構並舉，這在古代中國，乃至於現代教育政策上，還是很有參考價值的。「教育可以救國」、「良師可以興國」誠是百世不易的法則。

董仲舒在教學原理上，強調個性適應，實具有現代教育所強調的「差異化教學」（differentiated instruction）之精神。差異化教學主張要先理解學生的學習能力與學習需求，而在教學內容及教學方法上給予差異化的回應。這種作法，其實也是孔子「因材施教」理念的實踐。

其次，注重學生學習興趣的考察與培養也是符合現代教學原理的。唯有瞭解學生學習興趣，才能投其所好，引起其學習動機；唯有培養學生學習興趣，才能持續引發學生的學習動機。而學習動機正是學習成功的先決條件。

最後，淨化學習環境也是教師們可以學習的地方。所謂「近朱則赤，近墨者黑。」學習環境是一個潛在課程（hidden curriculum），對學生的影響很大，為師者不可不加以注重。是故如何在設備、物質、心理與文化上設計一個良好的學習環境，讓學生自然的向上學

習，並且學習成功，是當老師在教學伊始的首要任務。

五、對教學輔導教師的啟示

董仲舒的事蹟與學說有許多值得教學輔導教師可以學習的地方。首先，教學輔導教師的人品實爲教學輔導教師必備的要件。唯有好人品，才能獲得夥伴教師的信任，而信任關係的建立正是教學輔導成功的最關鍵要素。

其次，董仲舒「正其誼不謀其利，明其道不計其功」的言行是令人尊崇的。就教學輔導教師而言，承當教學輔導工作並不是爲了名、爲了利，而是爲了服務教師同儕，讓教師同儕有更好的發展。德蕾莎修女說：「愛，是在別人的需要上，看見自己的責任。」這種對同事的教育愛是永垂不朽的普世價值。

爲了提升教學輔導的成效，教學輔導教師可以善用「同儕輔導」的機制。同儕輔導是一種教師同儕工作在一起，形成夥伴關係，透過共同閱讀與討論、示範教學，特別是有系統的教室觀察與回饋等方式，彼此學習新的教學模式或者改進既有教學策略，進而提升學生學習成效、達成教學目標。這種協同合作，助益彼此成長的作法是很適合教學輔導教師制度的。

爲了達成教學輔導的功能，教學輔導教師亦可以運用「差異化視導」（differentiated supervision）的理念。Glatthorn（1984）指出視導人員可茲以運用的視導模式主要有四：「臨床視導」（clinical supervision）、「合作性專業發展」（cooperative development）、

「個人導向的發展」（self-directed development）、以及「行政督導」（administrative monitoring）。依據 Glatthorn（1984）的主張，教學輔導教師可以依夥伴教師的教學經驗和能力，採用適當的教學視導模式：臨床視導，較適合於教學經驗和能力較不足的初任教師；合作性專業發展，較適合於那些有經驗、有能力、又喜歡和同事工作在一起的自願成長教師；個人導向的專業發展，則對於那些有經驗、有能力、但喜歡獨自工作的自願成長教師，較為適宜。至於對教學困難教師，除了教學輔導教師的介入輔導之外，亦有賴佐以行政人員的行政督導。

最後，提供淨化的學習環境對夥伴教師的成長是很有助益的。事實上，對於一位初到新學校工作的初任教師或者新進教師，能讓這些教師多接觸經驗豐富、品格良善的教學輔導教師，便是一個淨化的學習環境。當然，除此之外，學校能為夥伴教師安排一個適合學習與成長的環境，例如：安排特定的專業成長時間與空間，也是對夥伴教師個人與專業發展很有助益的。

六、結語

董仲舒，專攻春秋公羊傳，為西漢儒學大師和大教育家，他在教育學說及教育實踐方面皆有很大的成就，可以說是西漢的孔子。然而其最大的抱負，還是在政治上。《漢書·董仲舒傳》中說：「贊曰：劉向稱：『董仲舒有王佐之材，雖伊、呂亡以加，管、晏之屬，伯者之佐，殆不及也』。」此誠非虛語，可惜董仲舒，其陰陽之說，近於

迷信，加上個性過於忠厚耿直，因直言批評及識人不明，屢受奸人之害，乃抑鬱不得其志，實在是當時國家社會的一大損失。不過也就因爲在政治上的不得志，才造就和彰顯其在教育史與思想史上的偉大成就。

4

韓愈 文以載道、師道典範

一、前言

　　韓愈先生（768-824），係我國唐朝著名的思想家、教育家、政治家、文學家，他一生都以振興名教，弘揚儒家的仁義之道為己任，係宋明理學的先驅。他也是唐宋古文八大家之首，提倡以文弘道、以文載道，並且身體力行聖人之道，對後世的文學與教育皆產生深遠的影響。是故，先略述其生平事蹟，再說明其教育學說，最後再闡述其生平事蹟與學說對教師專業與教學輔導教師的啟示。

二、生平簡述

　　依據張特生（1978）、程運（1998）、孫培青（2000）、百度百科（2022）、維基百科（2022）的論述，韓愈先生的生平可以簡述如下：

（一）孤苦童年，立志向學

　　韓愈，字退之，河南河陽（今河南孟州）人，自稱郡望昌黎，故世稱先生為韓昌黎；晚年因任吏部侍郎，所以又稱韓吏部。諡文，世人尊稱其為韓文公。

　　韓愈自幼孤苦無依。唐代宗大曆 5 年（768），韓愈 3 歲時，父母親雙亡，成為失怙失恃的孤兒。韓氏一族世代為官，他父親韓仲卿曾做武昌縣令，政績很好，深受百姓的愛戴，最後做到了祕書郎，只可惜英年早逝。

韓愈自幼由他的堂兄韓會及堂嫂鄭氏夫婦扶養成人。大曆 12 年（777），韓會被貶到韶州（廣東曲江）當刺史，韓愈年 11，便跟著堂兄播遷到南方，不久，堂兄死於任所，萬里他鄉，一門孤寡，困苦之情，難以言表。所幸，嫂嫂堅毅過人，一手把韓愈扶養長大並給他良好的教育。其後，韓愈在嫂嫂過世後所寫的〈祭鄭夫人〉一文中有云：「我生不辰，三歲而孤。蒙幼未知，鞠我者兄。在死而生，實維嫂恩……視余猶子，誨化諄諄。」可見鄭氏對韓愈非常好，而韓愈也非常感念嫂嫂的養育之恩。

　　韓愈苦孤的童年，並未使其懷憂喪志，反而培養了奮發向上的性格。韓愈從小就很有志氣，7 歲起便能自動自發的讀書，不需要他人的督促，一心一意地刻苦研讀儒家經典，並博覽群書，及長，盡通六經及百家之學。他 13 歲便能寫一手好文章，他所寫的文章，刻意崇尚學古，而不是魏晉南北朝所盛行的駢體文，其志在振興當代文風。由於他在古文上的努力與成就，乃能成為與同代的柳宗元和宋代歐陽修、蘇洵、蘇軾、蘇轍、王安石、曾鞏等共被尊稱為八大散文家，並為八大家之首。

（二）屢試不第，再接再厲

　　德宗貞元 2 年（786），韓愈時年 19，懷著經世之志赴長安參加進士考試，可惜因無門第的資蔭，一連三次均失敗。到了貞元 8 年（792）韓愈時年 25，古文家陸贄、梁肅擔任辦理試務的官員，韓愈曾多次交遊梁肅門下，因擅寫古文，才得以在第四次應試中進士。

　　但是中進士在當時只是獲得當官員的候選資格，考取進士以後還

必須參加吏部博學宏辭科考試才能任官，韓愈又三次參加吏選，但都以失敗告終；三次給宰相上書，沒有得到任何回覆；三次登權者之門，均被拒於門外。韓愈之所以急於求官，除因生活所迫及延續家庭傳統之外，實是想要施展經世之才，爲國效力。還好，韓愈在落泊之際，曾因偶然機會，在貞元 3 年（787），得以拜見北平王馬燧，得到馬燧的賞識和在經濟上的幫助。因感謝馬遂的恩德，韓愈在其後曾作〈貓相乳說〉一文來頌揚中唐名將馬燧的功績德行。

（三）二入幕府，從政伊始

貞元 12 年（796）7 月，韓愈因受宣武節度使董晉推薦，出任宣武軍節度使觀察推官，掌理司法方面的事務。這是韓愈從政的開始。在擔任觀察推官的三年當中，他一方面指導李翱、張籍等青年學習古文之外，另方面利用一切機會，極力宣傳自己對散文革新的主張，獲得很多回響。

貞元 15 年（799）2 月，董晉逝世，宣武軍便發生兵變，軍中大亂，幸好韓愈因護送董晉靈柩先行離開一步，才免得兵災人禍。韓愈於二月末抵達徐州。同年秋，韓愈應徐泗濠節度使張建封的聘請，出任節度推官，試協律郎，掌管音律方面的事務。

（四）首遭貶謫，仕途坎坷

貞元 17 年（801），韓愈時年 34，終於在第四次吏部考試通過銓選。秋末，被任命爲國子監四門博士，這是韓愈步入京師政府機構任職的開端。任職四門博士期間（四門學是當時一種國立學校的名

稱，四門博士則是這所學校的一種教職），積極推薦文學青年，敢為人師，廣授門徒，人稱「韓門弟子」，其中李翱與皇甫湜人稱為韓愈的兩大弟子。兩人都積極闡發韓愈的古文主張，學習韓愈的散文風格：李文平易通暢，皇甫文奇僻險奧。同年，韓愈寫〈答李翊書〉，闡述自己把古文運動和儒學復古運動緊密結合一起的主張。

貞元 19 年（803），韓愈晉升為監察御史。當時關中地區發生大旱災，韓愈在明查暗訪後發現，災民流離失所，四處乞討，關中餓殍遍野，慘不忍睹，而當時負責京城行政的京兆尹李實卻封鎖消息，謊報稱關中糧食豐收，百姓安居樂業，繼續橫征暴斂。韓愈在憤怒之下，上疏〈論天旱人飢狀〉，卻反遭李實等人的讒害，於當年十二月被貶為廣東連州的陽山縣令。韓愈在陽山令任內，對縣民非常愛護，做了許多對百姓有益的事，縣民很感戴他，乃以他的姓氏為其新生兒子來命名。同年，韓愈發表〈師說〉一文，對師道提出系統的理論，對我國的教育產生極深遠的影響。

永貞元年 8 月（805），順宗即位，大赦天下，韓愈改任荊州江陵府（今湖北江陵縣）法曹參軍，韓愈甚感失望，寫下「棲棲法曹掾，何處事卑陬」之語。

憲宗元和 8 年（813），韓愈時年 46 歲，才開始擔任國子博士（國子學是貴族子弟的學校，國子博士則是這種學校的最高級教師職位，其下有助教、直講等），作〈進學解〉，教授生徒。〈進學解〉一文，一方面勉勵諸生刻苦學習，求取進步，另方面則發出自己懷才不遇、自抒憤懣之嘆。

元和 10 年（815）受宰相裴度的賞識，擢升為禮部郎中。同年

隨裴度東征，平定蔡州（河南省汝南縣）吳元濟的叛亂，回朝之後，因功擢任刑部侍郎，並作〈平淮西碑〉。因碑文內容推崇宰相裴度，以致引起當時首先入蔡州捉住吳元濟，功居第一的李愬（李妻是唐安公主之女）的不滿，因而控訴韓愈所作碑文不實，李愬的屬下石孝忠推倒碑文，唐憲宗只好命翰林學士段文昌重撰碑文。

（五）諫迎佛骨，再遭貶抑

元和 14 年（819），韓愈時年 52 歲。憲宗皇帝派遣使者去陝西鳳翔迎接佛骨回京膜拜，京城一時間掀起信佛狂潮，眼看佛學興起，儒學遭棄之勢頭，韓愈不顧個人前途與安危，毅然上書〈諫迎佛骨表〉，痛斥佛之不可信，要求將佛骨「投諸水火，永絕根本，斷天下之疑，絕後代之惑。」憲宗得表後，龍顏震怒，要將韓愈處以極刑。所幸在宰相裴度以及朝中大臣極力說情下，才免得一死，貶為潮州（今廣東潮州）刺史。

更不幸的是，在往潮州路上，已經生病的愛女也因為不堪路程折磨而病死了，韓愈傷感萬分，來到了藍關（今陝西藍田）時，又逢大雪紛飛，韓愈見到姪孫韓湘，不禁再三嘆息，寫了一首〈左遷至藍關示姪孫湘〉的古詩：「一封朝奏九重天，夕貶潮陽路八千；願為聖明除弊事，肯將衰朽惜殘年！雲橫秦嶺家何在？雪擁藍關馬不前；知汝此來應有意，好收吾骨瘴江邊。」

韓愈任潮州刺史雖然只有短短八個月，但是在任內驅除鱷魚、為民除害；延請教師，辦理鄉校；計庸抵債，釋放奴隸；率領百姓，興修水利，排澇灌溉。千餘年來，潮州成為具有個性特色的地域文化，

潮州地區成爲禮儀之邦和文化名城，韓愈應有部分的功勞。爲感念韓愈的政績，潮州人建有「韓文公祠」，係中國大陸現在保存最完整、歷史最久遠紀念韓愈的專祠。「韓祠橡木」是潮州八景之一。

（六）宣撫鎮州，勇奪三軍帥

元和 15 年（819）9 月，韓愈奉詔內調爲國子祭酒（即國子監首長）。穆宗長慶元年（821）7 月，轉任爲兵部侍郎。恰好遇上鎮州（今河北省正定縣）節度使王庭湊發動兵變，韓愈職責所在，受命前往宣撫。許多人都認爲任務太危險了，不要去冒險，但是韓愈還是勇往直前。到了鎮州以後，王庭湊的將士拔刀開弓來迎接韓愈，把他團團圍住，韓愈毫無懼色，大聲斥責他們，又情辭懇切的曉以大義，喻以利害，終於說服王庭湊，不費一兵一卒，化干戈爲玉帛，平息鎮州之亂，史稱「勇奪三軍帥」。韓愈在這次事件中，所表現出的這種「苟利國家生死以，豈因禍福避趨之」（語出林則徐的〈赴戍登程口占示家人〉一詩）之偉大情操，實在令人敬佩。

（七）哲人已逝，萬古流芳

韓愈回朝覆命，穆宗皇帝非常高興。長慶元 2 年（822）9 月，轉任爲吏部侍郎，翌年 6 月，晉升爲京兆尹（首都市長）兼御史大夫。京兆之地向來複雜難以治理，但在韓愈整治下，社會安定，盜賊休止，米價不敢上漲。之後，再相繼調任兵部侍郎、吏部侍郎。

長慶 4 年（824），韓愈因病告假。同年 12 月 2 日，韓愈因病逝世於長安城，終年 57 歲。穆宗皇帝追贈他爲禮部尙書，諡曰文。

元豐元年（1078），宋神宗追封韓愈爲昌黎伯，並准其從祀孔廟。

三、教育學說

孫培青（2000）指出，韓愈曾提出「性三品說」，認爲人性有上、中、下三品，以及仁義禮智信五項道德內容，上品的人是善的，中品的人可導而上下，下品的人是惡的。韓愈倡導人們爲了追求善，必須遵從儒家的倫理規範，順性而克情，正確地處理了性與情的關係，這也爲後來宋明理學家所提出的「存天理，去人欲」的思想做了鋪墊，成爲理學的先驅。

另韓愈的教育思想可從教育目的、人才培育與選拔、尊師重道、教學方法等四方面，加以論述如下（孫培青，2000）：

（一）教育目的

韓愈主張教育的目的在「明先王之教」，使人們明白「學所以爲道」。「先王之教」係指博愛之謂仁，行而宜之之謂義。「學所以爲道」係指經由教育使人體會聞道、悟道、行道，學好仁義道德，便可安身立命，受益無窮。

（二）人才培育與選拔

爲了培養人才，韓愈要求整頓國學，嚴格選任學官，整頓教學秩序，改革招生制度，擴大招生範圍，讓更多人才爲國服務，而這種人

才應該是「純信之士，骨鯁之臣，憂國如家，忘身而奉上者」。

　　韓愈除了重視人才的培養，而且十分重視人才的選拔。主張要主動積極的選拔人才且用人唯才，摒棄選人為貴、用人唯親的腐朽思想。他以千里馬與伯樂的關係說明人才的難得。他說：「世有伯樂，然後有千里馬。千里馬常有，而伯樂不常有。故雖有名馬，祇辱於奴隸人之手，駢死於槽櫪之間，不以千里稱也。」

（三）尊師重道

　　韓愈教育思想最突出點便在於他作〈師說〉，提倡尊師重視，是中國古代第一篇集中論述教師問題的文章，影響後世的師道觀甚巨。其師道觀主要有下述三點：

1. 教師任務：在「傳道、授業、解惑」，而以傳道為首要任務。傳道在傳儒家仁義之道。授業，即講授《詩》、《書》、《易》、《春秋》等儒家六藝經傳與古文。解惑在解答學生在學習道和業的過程中，所遭遇到的種種疑難問題。

2. 以道為求師的標準：聖人無常師，道之所存，即師之所存。人要虛懷若谷，博採眾家之長，兼容並包，融會貫通，方能體會仁義之道，成為聖賢的人。

3. 建立合理的師生關係：師生之間是一種平等關係，可以相互為師，可以互相轉化和互相學習，另外，可以效法孔子「三人行，必有我師焉」的虛心學習精神。

（四）教學方法

1. 學業的精進在於勤勉：韓愈在〈進學解〉中說：「業精於勤，荒於嬉；行成於思，毀於隨。」要想取得學業的長進，就必須刻苦好學，勤奮好學，並且勇於批判思考。
2. 在博學的基礎上求精進：求學的時候，要有貪多務得，細大不捐的博學精神。在博學的基礎上，還要精益求精，抓住重點，掌握關鍵，形成自己的知識體系。
3. 把學習和獨創結合起來：向古人學習，要「師其意不師其辭」，要獨立思考，不能盡信書本。學習古文，不能一味地模仿古人，要「抒意立言，自成一家之新語」。

四、對教師專業的啟示

綜觀韓愈先生的事蹟與思想，有許多值得現代教師學習的地方。在事蹟上，韓愈在孤苦的童年生活中，奮發向上的精神是值得學習的。人生誠是一個不斷奮鬥的旅程，只有教師們有信心、有毅力，奮發向上，永不放棄，一定可以做好教書育人的工作，把每個學生都教好，都帶上來。

韓愈先生屢試不第，再接再厲的精神也是值得學習的。同樣的，在教育學生的過程中，教師難免會遇到問題、遇到挫折。此時，如果抱持正向的心態，挫折很可能是一個逆助緣，讓我們在挫折中成長；同樣的，遇到問題並不可怕，可怕的是沒有解決問題的心態和能力。

當教學問題一一被我們解決了，我們也在解決問題的過程中不斷的專業成長。解決自己的實務問題，正是當代教育行動研究普遍受教育界所重視的原因所在。

韓愈先生憂國憂民，勇於上諫的行為是可敬的。他為此兩次受貶謫，甚至在諫迎佛骨時，差一點失掉寶貴的生命，可是他覺得有必要反映民生疾苦，有必要復興儒學，雖不利於己，他還是義無反顧的去做了。這種「自反而縮，雖千萬人，吾往矣」的大無畏精神，是很值得每一位教育工作者所學習的。

韓愈先生臨危不懼，勇奪三軍帥的定力與智慧是可佩的。同樣的，當教師遇到教學的危急事件，要先鎮定下來，唯有定，才能靜；唯有靜，才能安；唯有安，才能慮；唯有慮，才能得；最後靠著平日累積下來的教學智慧，把危急事件，化險為夷的處理好了。

在學說上，韓愈在一千二百年前所寫的〈師說〉仍歷古而彌新，其所倡導的師道實永恆而不朽。在師道上，首先，教師要認識到教師與學生之間是平等的關係，而要愛護學生、尊重學生，甚至在某些方面，要向學生學習。韓愈說：「弟子不必不如師，師不必賢於弟子；聞道有先後，術業有專攻，如是而已。」這種勇於向學生學習的精神，不但不會有損教師的權威，反而會使學生更加敬重老師。

教師的學習可以是獨學的，更可以是群學的。韓愈讚揚了「巫醫百工之人，不恥相師」，更號召人們可以效法孔子「三人行，必有我師焉」的虛心精神。是故，教師們為了專業上的學習與成長，除了可以常向同事請教之外，更可以運用「同儕輔導」（peer coaching）或「專業學習社群」（professional learning community）的作法，來做

團隊式的專業成長。

　　教師學習有成的關鍵之一便是在「反思」（reflection），就好像《論語·學而篇》中，曾子所說的：「吾日三省吾身：為人謀而不忠乎？與朋友交而不信乎？傳不習乎？」唯有反思，才能從立身處世以及教學經驗中不斷完善自己，獲得智慧。這也正是韓愈在〈進學解〉中所說：「業精於勤，荒於嬉；行成於思，毀於隨」的精義。

　　教師的學習不能一味地模仿他人，誠如作文要「抒意立言，自成一家之新語」，教學也是要有自己獨特的教學風格與教學實務智慧。唯有根據自己的需要與人格特質所建構的教學風格與教學實務智慧，才能得心應手、游刃有餘地從事教學工作。當然教師的教學風格與教學實務智慧必須與時俱進，才能適應多變的教育環境。

　　當老師經由學為良師，不斷的蛻變與成長的過程中，不能忘了我們的教育目標在於培育學生成為「仁義禮智信」、「德智體群美」五育兼備的現代公民。並且，在教育過程中，不斷培養人才、發掘人才，當學生的伯樂。因為唯有伯樂，才有千里馬，而老師正是學生生命中的伯樂與貴人。

五、對教學輔導教師的啟示

　　韓愈的事蹟與學說對教學輔導教師也有許多啟示。首先，教學輔導是一個貴人啟導的歷程。每個人一生常會遇到貴人相助，就像韓愈在落魄時，幸獲馬燧的相助。許多教學輔導教師在初任教學也常常因為獲得資深教師的貴人啟導，才能順利渡過教學的關鍵期，之後他們

願意當別人的貴人，把自己的所學，薪火相傳給他們所帶領的夥伴教師。這種一代傳一代的「薪傳」精神，是教育界一個寶貴的資產。

教學輔導教師與夥伴教師的關係是一種伯樂與千里馬之間的關係，是故在帶領夥伴教師時，要賞識、肯定、支持夥伴教師，然後鼓勵夥伴教師在既有的教學基礎下，追求更優秀的教學。這種正向肯定的力量，可以產生很大的正能量。夥伴教師也當能在教學輔導教師的賞識與肯定下，成為教育界的千里馬。

教學輔導教師制度是一種行之有年的「師徒制」。在合理的師徒制中，師徒之間是一種平等合作關係，可以相互為師，可以互相轉化和互相學習，所以除了教學輔導教師可以傳授教學經驗給夥伴教師之外，亦可以虛懷若谷地向夥伴教師以及校內的同僑學習，這樣才能博採眾家之長，兼容並包，融會貫通，建構與深化自己的教學實務智慧。

誠如前述，教師的學習可以是獨學的，更可以是群學的。教學輔導教師有必要以個別輔導的方式，啟導夥伴教師的專業成長，但是亦可採同僑輔導與專業學習社群的機制，來加速夥伴教師的專業成長。教學輔導方式的多元化是教學輔導制度之所以能夠順利運作的原則之一。

教學輔導的另一個原則便是「反思」。是故，教學輔導教師不但要對自己的教學以及輔導作為常常進行反思活動，而且要鼓勵與安排夥伴教師對自己的教學經驗實施反思活動。透過反思，才能總結教學經驗，一方面深化自己的教學優點，另方面改善自己的教學缺失，這樣時日一久，便可以顯著地提升教學效能，進而促進學生的學習。

教學輔導的另一個原則則是「對話」。就像韓愈與「韓門弟子」的教學活動中，對話是不可少的教學方式，教學輔導教師可以透過不斷地與夥伴教師在教學經驗上的對話，將教學經驗傳授給夥伴教師；另外透過對夥伴教師的教學觀察，將觀察事實回饋給夥伴教師，協助夥伴教師針對自己的教學實務作深度的反思，這樣將大大有益於夥伴教師的專業成長。

　　最後，教學輔導教師可以效法韓愈「諫迎佛骨」的道德勇氣，對於學校的應興與應革事項提供建設性的意見，進而促進學校的革新與發展。作為學校的骨幹教師，教學輔導教師應該有這方面的責任與義務。至於建言是否遭採納，往往是自己無法掌握的，只能「凡事盡心盡力，結果交給上帝」了。

六、結語

　　韓愈，這位唐代大教育家、政治家、文學家，一生坎坷，但始終剛正不阿，滿懷壯志，奮發向上，在立德、立言、立功上皆符合三不朽的條件。北宋蘇軾曾評價他說：「文起八代之衰，而道濟天下之溺；忠犯人主之怒，而勇奪三軍之帥。」對韓愈甚是讚賞有加。在教育上，韓愈所倡導的師道學說，雖歷久而彌新，不僅在當時起到了振聾發聵的作用，而且至今仍閃耀著光芒。

5

王安石 變法圖強的改革家

一、前言

　　王安石先生（1021-1086），係我國宋朝著名的思想家、教育家、政治家、文學家。在宋朝中期面臨內憂外患的時候，他憂國憂民，提出一系列的財經、國防、人才教育等方面的改革，史稱「熙寧變法」，雖然變法失敗了，但是他所提出的改革政策，還是有值得肯定之處。另外，他在教育上的學說與實踐，對中國的教育有一定的影響力。是故，先略述其生平事蹟，再說明其教育學說，最後再闡述其生平事蹟與學說對教師專業與教學輔導教師的啟示。

二、生平簡述

　　依據羅克典（1983）、張白山（1986）、王明蓀（1994）、廖吉郎（1999）、百度百科（2022）的論述，王安石先生的生平可以簡述如下：

（一）少年恃才傲物，及長立志向學

　　王安石，字介甫，號半山，臨川鹽阜嶺（今江西省撫州市臨川縣）人。宋眞宗天禧 5 年（1021），進士出身的王益時任江軍判官，他的第三子王安石就在官衙內誕生。隨著王益在各地任官，王安石乃有機會在少年時期隨著家人到過不少地方，從粵江流域、長江流域、到黃河流域，都有他的足跡，讓王安石除了讀書之外，增長了不少見聞。

王安石的少年時期的生活如同一般的仕宦子弟，難免意氣風發而吟弄光景，以為憑藉著自己的聰明才智，唾手可得功名利祿，絕不致像孔孟一般的終身飢寒。大約到了 17、18 歲左右，隨著父親在江寧（今南京市）安居下來，忽然頓悟人生如過客，「少壯不努力，老大徒傷悲。」於是在生活上做了一個一百八十度的轉變，從此謝絕一切無謂的交際應酬，發憤苦讀，以研究先聖先賢治理天下的學術，並且立志要達到媲美堯舜賢臣后稷與契一樣的匡助人主，成就大事業。

宋仁宗寶元元年（1038），王安石年 18 歲，他的父親以 46 歲之壽死於江寧通判任上，王安石服喪三年後，於慶曆元年（1041）入京應禮部試。慶曆 2 年（1042），王安石 22 歲，便以第一次應試進士及第第四名。

（二）志在地方歷練，為人民謀幸福

慶曆 2 年（1042）王安石任簽書淮南判官，作為地方官府的幕僚，一度曾是北宋名臣韓琦的屬下。王安石在任內一方面勤於讀書寫作，往往通霄達旦而不息。但是他對自己應負的職務，也深入鑽研，且敢於與上司辯論判案是否得當。

慶曆 5 年（1045）王安石任滿淮南判官一職，有機會經由求試館職，任職中央單位，但是他自動放棄了。慶曆 6 年（1046），王安石離開淮南入京師。在京師，他從不奔走於權貴之門，也不希望在朝中獲得官職，他一再請求外放一個偏遠的州縣，以便施展其抱負。終於獲得當局的同意，於慶曆 7 年（1047）出知鄞縣（浙江鄞縣）。

他在鄞縣任內，政績卓越，不但深入民間，瞭解人民的疾苦和需

要，而且是即言即行、劍及履及的實幹者。《宋史本傳》有云：「起堤堰，決陂塘，爲水陸之利；貸穀與民，出息以償，俾新陳相易，邑人便之。」此外，推行保伍法，興廟學以教育子弟，並聘名儒慈谿杜醇主持縣學。這些舉措實爲其後在「熙寧變法」中所動的農田水利法、青苗法、保甲法、興學等之雛型。

王安石在知縣任滿後，於皇祐 3 年（1051）調任舒州（安徽懷寧縣）通判，職掌是副貳知州以掌一州之政，有「監州」的權責。舒州爲一偏遠地區，但王安石還是多方了解地方實情，找機會多與各地方人士接觸，以了解民瘼。此時，他除了不斷地充實自己的學識之外，更全神貫注於掌握時弊，而亟思如何正本清源地加以改革。

（三）短暫任京官，復歸地方

由於官聲頗佳，宰相文彥博以王安石恬淡名利、遵紀守道，向仁宗舉薦他，請求朝廷褒獎以激勵風俗，王安石以不想激起越級提拔之風爲由拒絕了。歐陽修舉薦他爲諫官，王安石以祖母年高推辭。歐陽修又以王安石須俸祿養家爲由，任命他爲群牧判官。從至和元年（1054）的群牧司判官到嘉祐元年（1056）的提點開封府界諸縣鎮公事，王安石在京城任官的時間並不長。嘉祐 2 年（1057）始得其志，回歸地方，知常州（江蘇武進縣）。

在常州知州一年的任內，王安石的施政重點還是在於民生經濟的興利措施，計畫開掘運河，但由於未受到上級轉運使的支持，又逢工程進行時，遭逢連綿下雨，民役苦病者眾，而被迫中止。

嘉祐 3 年（1058），王安石調任提點江東刑獄，這是江南東路

最高司法檢察官；他在任內的大事就是罷除了茶葉由國營專賣的榷茶法。他上書指出榷茶法既不能杜絕私販私市之弊，而且官茶品質粗惡，利亦不多，只是徒增獄訟，不如取消官茶專賣之利，改由商營抽稅之法。

（四）再任京官，上書改革

嘉祐 5 年（1060）王安石奉召入京擔任三司度支判官。三司指鹽鐵、度支、戶部，號稱「計省」，專掌國計民生，其中度支司負責全國財賦之歲入和歲出。

王安石進京述職之後，即提出了史上被梁啟超稱爲「秦漢以後第一大文」的萬言書——〈上仁宗皇帝言事書〉，有系統地提出了變法國強的主張。在此次上書中，王安石總結了自己多年的地方行政經驗，指出國家積弱積貧的現象在於：經濟困窘、社會風氣敗壞、國防安全堪憂，認爲問題癥結的根源在於爲政者不懂得法度，解決的根本途徑在於效法古聖先賢之道，改革制度，進而提出了自己的人才教育政策。很可惜的，仁宗並未採納王安石的變法主張。

（五）辭官講學，建立荊公新學

王安石入朝爲官後，歷任直集賢院、同修起居注、知制誥等職。嘉祐 8 年（1063）仁宗駕崩，英宗即位。同年，王安石的母親吳氏病逝，王安石因而辭官，往江寧守孝。英宗在位四年期間，王安石皆未應召出仕，而是留在江寧講學。

江寧講學四年期間，王安石對於當地杏壇有一定的影響力，也培

育了許多的人才。陸佃、李定、龔原、蔡卞等人都是他在這一時期所招收的學生，他們在日後，無論是在學界或政界皆頗有成就。其中，陸佃（南宋愛國詩人陸游的祖父）便認爲王安石的學說係「有體有用，體不欲迷一方，用不欲滯一體」，他認其師的學說繼承了孔子的餘緒，主要在儒家思想的心性方面作了比荀子、揚雄更好的詮釋。

王安石在哲學、經濟、教育、倫理等方面，提出了一個完整的新的思想體系——「荊公新學」，爲他的熙寧變法提供了充分的思想理論基礎。在哲學上，他概括了北宋蓬勃發展的自然科學成就，繼承了李覯的唯物主義思想，建立了以「氣」一元論爲基礎的本體論。他認爲宇宙的起源，不是在空間上相互間斷的物質微粒，而是一種綿延連續的物質——「元氣」，然後由「元氣─陰陽─五行─萬物」的宇宙生成理論。宇宙的本質是變動的，但變動係「天人不相干」的，而是根據事物內部有「藕」、有「對」的辯證法則。在認識論上，則提倡深入調查和體驗學習，主張學而知之、勤思好學的反映論。

（六）熙寧變法，新舊黨爭

治平 4 年（1067），宋英宗駕崩，宋神宗即位。宋神宗久慕王安石之名，起用他爲江寧知府，旋即詔爲翰林學士兼侍講。從此，王安石深獲神宗器重。

熙寧元年（1068），神宗爲擺脫宋王朝所面臨的政治、經濟危機，以及遼、西夏不斷侵擾的困境，召見王安石。王安石隨後上〈本朝百年無事箚子〉，闡釋宋初百餘年間太平無事的情況與原因，並指出當時危機四伏的政經社會問題及解決之道，深獲神宗的認同。熙寧

2 年（1069），神宗任命王安石為參知政事，由王安石主導變法的實施，設立制置三司條例司，由王安石和陳昇之共同掌理。王安石啟用呂惠卿承擔條例司的日常事務，派遣提舉官四十多人，頒行新法。熙寧 3 年（1070），王安石任同中書門下平章事，位同宰相，開始在全國範圍內推行新法，在財政方面有農田水利法、青苗法、均輸法、免役法、市易法、方田均稅法；在軍事方面有保甲法、保馬法、置將法、軍器監法等；在人才教育方面，則有太學三舍法、改科舉、並設立武學、律學、醫學等新式專科學校。

王安石變法的目的在於富國強兵，藉以扭轉北宋積貧積弱的局勢，具有政治上的理想性。然而新法的理想落實到政治的實際中，難免會產生許多問題，也會觸犯到既得的利益，而遭到保守派的強力反對。這時，很需要政治上的溝通和妥協。然而，王安石本人個性頗為拗直，執著於理想之實現，失去人和；失人和則政策不易推動，當朝臣紛紛求去時，唯有啟用新人，於是有「新黨」的產生，與反對變法者（舊黨）形成嚴重的對立面。法令頒行不足一年，圍繞變法，擁護與反對兩派就展開了激烈的論辯及鬥爭，這對於政策的推動以及政治的穩定皆產生不利的影響。

（七）新法盡被廢，在憂思中逝世

熙寧 7 年（1074），王安石在政治紛擾中辭去相職。熙寧 9 年（1070），王安石歸居江寧，居於鍾山不復出，似乎在迴避世事而潛心於學問之中，他的名著《字說》就是在這段隱居時期所作。

元豐 8 年（1085），神宗駕崩，哲宗即位，支持舊黨的太皇太

后高氏臨朝，起用司馬光爲相，不久盡廢新法。隨後，哲宗親政，新黨回朝，政爭更爲激烈，直到靖康難起，北宋覆亡，方告止息。

當王安石獲知新法盡廢，每日在家繞行大聲嘆息，有時終夜不能成眠，飲食銳減，其受刺激之深與憤慨之情無法克制。終日憂思，不能自拔，遂於宋哲宗元祐元年 4 月初六（1086 年 5 月 21 日），一代改革家鬱然病逝於鍾山，享年 66 歲，獲贈太傅，葬於江寧半山園。

三、教育學說

王安石的教育思想與實踐可從主持熙寧興學、崇尚實用的教育思想、系統的人才理論等三方面，加以說明如下（孫培青，2000）：

（一）主持熙寧興學

1. 改革太學，建立三舍法

除了大力擴建太學校舍以及充實和整頓太學師資外，主要在創立「太學三舍選察升補之法」，簡稱「三舍法」。三舍法用學校教育取代科舉考試。「三舍法」把太學分爲外舍、內舍、上舍三等，外舍2,000 人，內舍 300 人，上舍 100 人。官員子弟可以免考試入學，而平民子弟則經由考試合格而入外舍，然後每一至二年，經過嚴格的平時行藝的考察與升舍考試的通過，可以逐級升至內舍和上舍。上舍的肄業生再經過嚴格的篩選後，上等者（平時行藝與考試成績俱優）授以官職，中等者（平時行藝與考試成績一優一平）免禮部試，直接參加殿試，下等者（平時行藝與考試成績全平或一優一劣）免貢舉，直

接參加禮部試。後來地方官學也類推此法，不但反映了學校教學的特色，也把養士和取士結合起來，提升學生學習的積極性。

2. 恢復和發展州縣地方學校

北宋普遍設立州縣地方學校，始於「慶曆興學」。但由於主事的范仲淹不久即被保守派擠出中央，興學乃夭折，州縣學校徒有其名，而無其實。為了改變這種狀態，王安石執政後，即奏請恢復和整頓地方學校。

3. 恢復和創設武學、律學和醫學

從熙寧 5 年（1072）起陸續恢復武學、創設律學、整頓醫學，使北宋的專科學校教育進入了一個嶄新的發展階段。

4. 編撰《三經新義》作為統一教材

設經義局，訓釋儒家三部經典：《詩經》、《尚書》、《周禮》，作為士子必須學習的官定統一教材，而且也是科舉考試的基本內容。

5. 改革科舉考試制度

廢除明經諸科，進士科考試罷詩賦、帖經、墨義，改試以經義、論、策。

（二）崇尚實用的教育思想

1. 學校應該培養具實際才能的治國人才

王安石十分重視學校教育對於治國安邦的重要性，所以所培養的人才，首先要有道德修養，其次要能為國家社會所用，不能與社會的

實際需要脫節。

2. 教學內容應該是「爲天下國家之用者」

所謂「爲天下國家之用者」，主要是經術和諸子百家之書、朝廷禮樂刑政之事、以及武事。

（三）系統的人才理論

1. 教之之道：即人才的培育問題。從中央到地方普遍設立學校，教學內容以「實用」爲準則，以造就有實際才華的治國人才爲培養目標。

2. 養之之道：即人才的管理問題。「饒之以財，約之以禮，裁之以法。」也就是說，使官吏有較高的俸祿，讓他們能養活自己並且遠離貪汙腐敗。然後，明確規定各種標準規定來約束他們的行爲以防止放蕩、奢侈，如果這樣做，還不能使官吏不違反法律，那就只能依法來嚴懲了。

3. 取之之道：即人才的選拔問題。人才應該由下而上推薦，根據其才德大小授予相應的官職，考查人才也不能以偏概全，要察其言，觀其行，試之以事。

4. 任之之道：即人才的使用問題，要做到適才適所，任職也應該要相對穩定。

四、對教師專業的啟示

綜觀王安石先生的事蹟與思想，有許多值得現代教師學習的地

方。在事蹟上，王安石能博覽群書並建立自己的學派——荊公新學，是令人敬佩的。同樣的，作為一位老師，必須多方充實自己的教學知能，並能在教學實踐中不斷反思與修正，建構起自己的教學實務智慧，這樣才能達成「經師」的基本要求。

要進一步做到「人師」的地步，除了要有教學實務智慧之外，更要像王安石那樣有「為人民服務」的精神，全心全力愛學生、為學生服務。愛與服務的普世價值，不僅展現在政治上、在宗教上，更彰顯在教育上。有了教育愛，再加上卓越的教學能力，才能成為人人尊敬的好老師。

王安石勇於變革的精神也是值得學習的。就像王安石所說的：「天變不足畏、祖宗不足法、人言不足恤。」在教育上，隨著社會、文化、經濟、政治的不斷發展，教育改革有其必然性；在教學上，教師要體認到「世界上唯有一件事不變，那就是變本身」，而能守經達變。也就是說，要一方面恪守教學的原理原則，另方面則在課程設計、教學策略、班級經營與學生輔導上求新求變，以滿足學生多方面的需求。

但是變革難免會遇到困難或阻力。是故教師在推行變革時，必須事先考慮變革的阻力。謝文全（2012）指出組織成員抗拒革新的原因主要有四：(1) 慣性的反彈；(2) 害怕造成利益損害；(3) 改革本身不合理；(4) 因誤解而反對。是故教師在實施課程、教學、班級經營上的變革時，首先要考慮變革本身是否合乎理性，是否合乎學生的需要與學習程度，如果是的話，那就要在實施前對學生充分解釋與說明變革的理由和實質內涵，這樣學生的接受度就會大大的提高。

在學說上，王安石能在一千年前就創導廣設學校以取代科舉制度是非常有前瞻性的。如果我國能於北宋時期就能普設地方學校以及建立起高等教育系統，則我國學校教育的普及，將比西方的發展早了好幾個世紀，這樣就不會有在清末民初時，因為國民又愚又貧又弱又私，以致流於慘遭西方列強瓜分的次殖民地位。教育可以救國；良師可以興國，誠是歷史留給我們的教訓。

其次，以人才培育取代科舉制度也是切中時弊的。傳統科舉制度有其優缺點。其優點在公平，貧窮的人有出頭的機會；其缺點為考試的內容及方式太僵化，導致讀書人視野較小，沒有創造力，更因只憑考試取才，而忽視了學校教育的發展，是故以人才培育取代科舉制度，或者人才培育與科舉制度並存，確實是一個較佳的政策。很可惜的，在古代中國，由於更動科舉制度，牽涉到太多人的利益，以致引起保守派的反彈，而功敗垂成，令人唏噓不已。就教師而言，這個歷史經驗也提醒當老師的我們，要以培育人才為要，避免做升學主義的幫兇，例如：不惡補、不過度考試、不以考試成績作為看待學生成就的唯一標準。

再次，就像辦學要根據社會需要發展特色一樣，教師的教學也要根據學生的學習需要並考量自己的人格特質，發展自己的教學風格或特色。教學有了特色，自然可以吸引學生學習，提高學生的學習動機，進而增進學生學習的成效。

教師在教學時，教學內容應以「實用」為準則，也就是說，教學內容宜符合社會的實際需要，不要產生與社會脫節的現象，造成學生所學無用武之地。當然，在教學方式上，除了理論的講解之外，應該

著重將理論應用在實務上的實作與討論，使學生學到後，能在生活上加以應用。

教師的教學除了傳授知識之外，更應重視德育的培養。道德修養誠爲一個人立身處世的根本。術德兼修、文武兼備才是一個良好的教育。就好像王安石在〈至一論〉中所說的：「夫身安德崇而又能致用天下，則其事業可謂備也。」

五、對教學輔導教師的啟示

王安石的事蹟與思想對於教學輔導教師也有不少啟示。最值得教學輔導教師學習的是王安石那種變法圖強的精神。如前所述，教師的教學固然要不斷地應變創新，教學輔導教師的教學輔導技巧，也要不斷的變革和創新，例如：可以學習認知教練、教練式領導、協作式視導、正向視導等理論與實務。唯有不斷的變化和創新，才能順應教學輔導的發展趨勢，走在時代的前端。

教學輔導教師除了要倡導教學變革與創新之外，亦要注意教學輔導是一個與人合作的歷程，是故「人和」是教學輔導成功的先決條件之一。教學輔導教師不但要與夥伴教師維持良好的信任合作關係，也要與校內其他教師維持好合作的關係，這樣不但能帶給夥伴教師更好的學習環境，而且也能對學校的革新與發展產生更大的影響力。

教學輔導教師與夥伴教師的互動歷程應是一個有組織、有計畫的系統化歷程。人才的培養唯有經由系統化，而不是隨意式的歷程，才能更有效率和效能。同理，教學輔導教師在教學輔導伊始，宜根據學

校發展特色與夥伴教師的發展需求，訂定合理可行的教學輔導計畫，之後按部就班地實施教學輔導活動。當然，遇到輔導情境有所變化時，可以適時修正輔導計畫，在「宏觀調控」下，當可順利完成教學輔導的任務。

教學輔導教師帶給夥伴教師的知能，除了最新的教學理論之外，還是要以實用的知能為主。讓夥伴教師能夠即學即用，能夠馬上應用到教學情境，這樣才能符合成人學習的原則。反之，如果所學不夠實用，將會減弱夥伴教師的學習動機，影響教學輔導的成效。

教學輔導教師除了做教學知識與能力的啟導之外，亦要注意夥伴教師在德育方面的培養。「師德」是做老師最根本的事，有了師德，才可以為學生的模範；缺乏師德，教學知能再怎麼高超，都難以為人師。是故，德才兼備的老師，才是一位令人尊敬的好老師。

六、結語

王安石，這位中國 11 世紀改革家，一生憂國憂民，致力於變法圖強。很遺憾的，其人其事，在宋史中並未獲得公允的評價。筆者閱讀了諸多關於王安石的傳記，與之神交，深感其人品之高潔，用心之良苦，視野之前瞻，使命感之沈重，足為後世所效法。在教育上，即便以今日之眼光，觀其所推動的教育改革政策，也是非常適用於當代的社會。是故，筆者比較認同的是梁啟超對他的評價：

若乃於三代下求完人，惟公庶足以當之矣。悠悠千年，間生偉人，此國史之光，而國民所當買絲以繡，鑄金以祀也。距公之後，垂千年矣，此千年中，國民之視公何如，吾每讀宋史，未嘗不廢書而慟也。以不世出之傑，而蒙天下之詬，易世而未之湔者，在泰西則有克林威爾，而在吾國則荊公。

6

朱熹　理學集大成者

一、前言

　　朱熹先生（1130-1200），係我國南宋時期著名的思想家、教育家、政治家，他是「二程」（程顥、程頤）的三傳弟子李侗的學生，與二程合稱「程朱學派」，是理學集大成者。他也是唯一非孔子親傳弟子而從祀孔廟、位列大成殿十二哲者之一，被後世尊稱為朱子。朱熹在中國教育史上占有很重要的地位。是故，先略述其生平事蹟，再說明其教育學說，最後再闡述其生平事蹟與學說對教師專業與教學輔導教師的啟示。

二、生平簡述

　　依據王煥琛（1998）、何可承（2003）、陳榮捷（2003）、賈馥茗等人（2003）、百度百科（2021）的論述，朱熹先生的生平可以簡述如下：

（一）自幼聰穎好學，具有神童之資

　　朱熹，字元晦，又字仲晦，號晦庵，晚稱晦翁。祖籍徽州府婺源縣（今江西省上饒市婺源縣），生於南劍州尤溪（今福建省三明市尤溪縣）。時為宋高宗建炎 4 年（1130），卒於宋寧宗慶元 6 年（1200），享年 71 歲。

　　朱熹自幼穎悟莊重。宋高宗紹興 3 年（1133），朱熹 4 歲時，父親朱松指著天教他說：「這是天」。朱熹問道：「天之上有何物？」

這使父親大感驚奇。5 歲時，始入小學，便能讀懂《孝經》，並在書額上題字自勉：「若不如此，便不是人。」6 歲時，朱熹與一群兒童遊玩，以手指頭畫八卦於鄭氏館舍前沙洲上。後來人們便把尤溪水嶺兩岸的沙洲稱爲「畫卦洲」。

紹興 13 年（1143），朱熹 14 歲時，父親朱松病逝於建甌，臨終前把朱熹託付給建州崇安縣（今武夷山市）五夫里好友劉子羽（朱熹義父），又寫信給三位崇安密友——屛山劉子翬、白水劉勉之、籍溪胡憲代爲教育朱熹。劉子羽視朱熹如己出，在其舍傍築一室安置朱熹一家，名曰紫陽樓。朱熹師從「五夷三先生」，在學問與道德上有很大的精進。

紹興 17 年（1147）秋天，朱熹 18 歲，在建州鄉試中考取貢生。紹興 18 年（1148）春天，劉勉之將自己的女兒劉清四許配給朱熹。同年 3 月，年僅 19 歲的朱熹赴南宋首都臨安參加禮部會試，登王佐榜進士，中第五甲第九十名，准勅賜同進士出身。之後，朱熹衣錦還鄉徽州府婺源縣，祭祖墓，謁告朱氏家廟，並贖回祖田百畝轉交族人，用於祖墓修葺和祭祀等費用。

（二）初入仕途，任泉州同安縣主簿

紹興 21 年（1151），朱熹再次入都銓試及格，授左迪功郎、泉州同安縣主簿。紹興 23 年（1153）秋 7 月，朱熹至同安，協助縣令管理圖書、賦稅、教育等事務。他爲官清廉，做事勤敏，做人有誠信，爲同安士民做出了好榜樣，因此上任不久，就順利解決了同安縣賦稅難收的問題。此外，他以「敦禮義、厚風俗、劾吏奸、恤民隱」

的治縣主張管理縣務，排解同安、晉江兩縣械鬥，在文廟大成殿倡建「經史閣」，以及力主減免人民的勞役和稅賦。

　　朱熹到任後非常重視縣學的整頓，他選拔邑中優秀子弟為弟子員，把縣學分為「志道」、「據仁」、「依仁」、「游藝」四齋，每隔四、五日就親自到縣學向弟子員講說聖賢修己治人的方法，並禁止婦女出家為尼或道姑。於是同安教化大行，受教的敦守他的教言，人民感激他的德政，到他離職的時候，都不願意讓他離去。此外，朱熹在任內，並沒有荒廢讀書寫作，他一方面治理政事，另一面努力著述，初步完成了《論語集注》。

（三）拜李侗為師，承襲洛學正統

　　紹興 23 年（1153）夏，朱熹赴同安途中，即受學於延平李侗。紹興 28 年（1158），朱熹已意識到「妄佛求仙之世風，凋敝民氣，耗散國力，有礙國家中興」，打算重新踏上求師之路，決心拜李侗為師，成為二程的四傳弟子，因得承襲二程「洛學」的正統，奠定了朱熹以後學說的基礎。

　　紹興 30 年（1160）11 月，朱熹第三次到延平向李侗學習理學，逗留了數個月。白天，他聽教師的教誨，閱讀書冊，或彼此講論道理；晚上則坐在蓆上，靜靜地思考，將當天老師的言論仔細體味，如有疑問之處，次日再向老師請益。此後，再經過數年的努力，朱熹在學業上不斷的進步，使李侗十分欣喜，覺得自己的學說終於有了傳人，而朱熹也不辜負老師的期待，成為理學集大成者、閩學的代表人物。他的理學思想影響很大，成為元、明、清三朝的官方哲學。

（四）無意仕進，專心教育及著述活動

朱熹個性淡泊明志，寧靜致遠，自從同安歸來後，即不求仕進，主要在進行教育和著述活動。朱子的一生，從 19 歲登進士，到 71 歲去世，做官的時候共爲十四年，其餘一生多家居福建，最喜以授徒爲樂，其入門弟子有四、五百位之多，其中黃榦、陳淳、蔡元定、蔡沈爲朱門四大傳人。朱熹一生著述極豐，重要的有《四書章句集注》、《太極圖說解》、《易本義啟蒙》、《西銘解》、《詩集傳》等；編次的有《小學書》、《近思錄》、《河南程氏遺書》等；又有《語類》、《詩文》等，現都蒐集在《朱子大全》中。其中，《四書章句集注》成爲元明清三代欽定的教科書和科舉考試的標準。

其弟子黃榦，在所著的〈朱子行狀〉中，對老師一生誨人不倦的精神，作了如下的描述：

> 從遊之士，迭誦所習，以質其餘。意有未諭，則委曲告之，而未嘗倦。問有未切，則反覆戒之，而未嘗隱。務學篤則喜見於言，進道難則憂於色。講論經典，商略古今，率至夜半。雖疾病支離，至諸生問辨，則脫然沈痾之去體。一日不講學，則惕然常以爲憂。

（五）結識學者，鵝湖之會

朱熹家居生活，一方面著書立說，教授生徒；另方面結識許多學

者，共同切磋討論學問。與朱熹親近的學者甚多，其中二位摯友係張栻與呂祖謙。張栻（1133-1180）字敬夫，自號南軒，係抗金名將張浚的兒子，也是著名的理學家，曾於乾道3年主持嶽麓書院。朱熹與張栻於宋孝宗隆興元年（1163）初次相會，即因抗金理念以及所學相近，一見如故，私交甚篤。朱熹曾於宋孝宗乾道3年（1167）8月前往潭州（今湖南長沙市）拜訪張栻，討論中和太極之義。

呂祖謙（1137-1181），字伯恭，婺州金華縣人。以其先祖曾在漢時封東萊侯於萊州府，故學者稱東萊先生。朱熹、張栻、呂祖謙三人為莫逆之交。朱熹每以張呂二人相提並論。朱呂初次會面，約在紹興26年（1156）。二十年後，淳熙2年（1175）正月，兩人同敘於寒泉精舍，共輯《近思錄》，史稱「寒泉之會」。

在呂祖謙的穿針引線下，朱熹與陸九淵曾有中國學術史上著名的「鵝湖之會」。淳熙2年（1175）5月，朱熹送呂祖謙至江西信州鵝湖寺（今鵝湖書院），呂祖謙提議陸九齡、陸九淵兩兄弟來寺討論學問。鵝湖之會的直接動因是呂祖謙想利用這個機會調和朱、陸學說之間的矛盾。在學術上，朱熹主張「道問學」，認為心與理是兩個不同的概念，理是本體，心是認識的主體。二陸主張「尊德性」，認為心與理是一回事，堅持以心來統貫主體與客體。朱熹與陸氏兄弟論辯、講學達十日之久，最後無共識。鵝湖之會雖然並沒有達到雙方統一思想的目的，但使他們各自對對方的思想及其分歧有了進一步認識，也促使他們自覺或不自覺地對自己的思想進行反省。

（六）在坎坷中為官之路，奮力作為

朱熹由於生性淡泊明志，加上性格剛直耿介，並不太適合當時時逢衰亂、奸佞當道的官場。他屢受詔當官，或辭而不就，或就任亦無從遂其志，他在為官的道路上，可謂是相當的坎坷。惟朱熹政治上的遭遇雖不順，但是只要有機會，他總是利用各種機會向皇帝極言進諫，並且在政治上還是有一些作為。

紹興 29 年（1159），朱熹時年 30 歲，升為文學博士。宋高宗死，孝宗繼位（1162）。朱熹上書給孝宗，勸他重視儒家的帝王之學，摒棄佛家和道家的思想，從「格物、致知」做起，以「誠意、正心」來學習古代聖人之道，就可以「治國、平天下」。同時他極力反對同金人議和，他說：「今日之計，不過修政事攘夷狄。然計不時定者，講和之說疑之也。今敵於我不共戴天之仇，決不可和也。」他這種痛惡議和的見解，和當時的權貴如湯思遠等力主議和者不同，而遭受到了排斥。結果孝宗未能重用他，只叫他擔任一名武學博士的虛銜。

淳熙 5 年（1178），朱熹時年 49，才第二次擔任正式的地方官，朝廷派他到江西南康軍（今江西星子縣）做知事，他在任四年左右，任內興利除弊，大修荒政，豪強斂戢，里閭安靖，頗有政績。時遇嚴重旱災，他一方面辦理平糶（官府在荒年缺糧時，將倉庫所存糧食平價出售）救濟災民，另方面以工代賑，興修水利，總算認真做了些事情，為朝廷所肯定。特別是他重建盧山的白鹿洞書院（宋代四大書院，即白鹿洞、嵩陽、應天、嶽麓四大書院），並親自授課講學，在

教育上有很大的貢獻。

　　淳熙 8 年（1181）8 月，那時浙東發生大饑荒。因朱熹在南康救荒有方，宰相王淮推薦朱熹主持賑災工作，擔任「提舉浙東常平茶鹽公事」。為解救災民於水深火熱，朱熹迅速採取了幾項有力賑災措施。他發現天災加上貪官汙吏的人禍，才導致民不聊生。朱熹因而在浙東劾奏前知台州唐仲友不法情事，為唐之姻親宰相王淮所嫉，浙東任職僅九個月即離任回家。朱熹曾先後六次上狀奏劾唐仲友不法，直指王淮與唐仲友上下串通勾結的事實。迫於壓力，王淮才免去唐仲友江西提刑新職，在彈劾唐仲友的過程中，朱熹充分表現出崇高的操守和不畏懼權貴的氣節。

　　朱熹在孝宗傳位光宗之後，曾於淳熙 16 年（1189），時年 60歲，奉派擔任福建漳州知府，在任約二年，在打擊貪官、整頓吏治方面不遺餘力，而對於勤事愛民官員，則大力薦舉。為了更好地興學育才，他大力整頓州學。為了移風易俗，他加強禮教的教化。為了抵制官僚、豪強和寺院占有大量土地，卻不繳稅，他大力主張重新核查土地，按田造籍，按籍納稅。很可惜的，該項舉措因為利益集團的從中作梗以及朝廷的消極作為，並沒有在他任內順利的推動。

　　紹熙 4 年（1193），朱熹時年 64 歲，出任湖南潭州（今長沙市）知州，在任也是兩年光景。任內不但招降叛亂的瑤民首領蒲來矢，而且對軍政進行大刀闊斧的改革，改革從整軍備、清吏治、正學風三方面展開。另外，大力重整已逐漸荒癈的嶽麓書院，不但在設備上煥然一新，而且也強化教授的陣容。朱熹並親自到書院講學，他學問淵博，言辭懇切，深入淺出，聽者常常為之動容。

（七）悲歡帝王師，慶元黨禍

　　光宗死，寧宗繼位，紹熙 5 年（1194）8 月，朱熹以 65 高齡，擔任煥章閣待制兼侍講，成為寧宗皇帝的老師。朱熹雖然講學認真，但仍不改直言進諫的性格。九月初，朱熹於行宮便殿奉召奏事，共上奏札五道。第一札要宋寧宗正心誠意，動心忍性。第二札請求宋寧宗讀書窮理，格物致知。第三、四、五札論潭州善後處理事宜。十月十四日，朱熹奉詔進講《大學》，並編寫了講義給寧宗閱覽，反覆強調「格物、致知、誠意、正心、修身、齊家、治國、平天下」的道理，希望透過匡正君德來限制君權的濫用，引起宋寧宗和執政韓侂胄的不滿。因此，朱熹在朝僅四十六日，便被宋寧宗內批罷去了待制兼侍講之職。

　　朱熹在當宋寧宗侍講時，權臣韓侂胄把持朝政，擴張私人勢力，朱熹擔憂其擅權害政，有損國家利益，乃提醒寧宗要加以提防，於是冒犯了韓侂胄。韓侂胄一黨不但借機罷免掉朱熹的職位，而且對朱熹的學派，大肆攻擊，妄指朱子的學術為假道學，為「偽學」，稱朱子的門生故舊為「逆黨」；甚至誣陷朱子窺伺神器，主張處以極刑。就這樣子，朱學及朱熹的同道就受了莫大的打擊，史稱「慶元黨禍」。

　　在遭受「慶元黨禍」的嚴重打擊後，朱熹不屈不撓，仍在身體諸多病苦中，在竹林精舍怡然講學。一以闡揚大道為己任，更顯其剛毅堅卓的氣節。慶元 6 年（1200）3 月，朱熹於福建建陽考亭家中，死於教學崗位上，享年 71 歲。同年多 11 月葬於建陽縣唐石里的大林谷。在朝廷的脅迫禁止下，當時參與會葬者仍然有近千人之多。時

南宋詞人辛棄疾有云：「所不朽者，垂萬世名。孰謂公死，凜凜猶生。」

三、教育學說

朱熹的教育思想可從教育目的、教學方法、系統教育等三方面，加以論述如下（王煥琛，1998；賈馥茗等人，2003）：

（一）教育目的

朱熹主張教育的最高目的在於培養聖賢，而以聖賢自任者，應以「復性」、「復初」與「道心主宰人心」為主要目標，也就是要養成完善無缺的人格，成為國家的棟梁，能夠如張載所云：「為天地立心，為生民立命，為往聖繼絕學，為萬世開太平。」

（二）教學方法

朱熹認為教師應該引導學生按下列五個步驟去努力，就是「立志」、「堅毅」、「居敬」、「窮理」、「實踐」。

1. 立志：「為學須先立志。志既立，則學問可次第著力。立志不定，終不濟事。」

2. 堅毅：「為學要求把篙處著力。到工夫要斷絕處，又更增工夫，著力不放令倒，方是向進處。為學正如撐上水船：方平穩處，盡行不妨；及到灘脊急流之中，舟人來這一篙，不可放鬆，直須著力撐上；不得一步不緊，放退一步，則此船不得上矣。」

3. 居敬：「人能存得敬，則是心湛然，天理燦然，無一分著力處，亦無一分不著力處。」

4. 窮理：「窮理」是朱熹教導學生「求知」方法，也就是格物致知的實際法則。他認為：(1) 窮理務須周到、澈底；(2) 窮理務須循序漸進，從切己處開始，逐漸推至疏遠處；(3) 窮理應以讀書為重要手段；(4) 窮理應繼續用力，期能達到豁然貫通的境地。

5. 實踐：「知與行工夫，須著並到。知之愈明，則行知愈篤，行之愈篤，則知之愈明。」

（三）系統教育

此外，朱熹主張一個具有「小學」、「大學」、「社會教化」的系統教育，分述如下：

1. 小學

小學的目的在教兒童學習做事，先從灑掃應對做起，養成習慣，並知道長幼有序的禮貌。因為幼年人性行未定，完全在成人的教育。幼年失教者，長大了再教，不會有效。

2. 大學

大學的目的是「教之以窮理正心修己治人之道」，也就是「格物、致知、誠意、正心、修身、齊家、治國、平天下」的道理。

3. 社會教化

朱熹在任官期間，會對民眾規定了「鄉約」，分為四項：

(1)德業相勸：入約者互相勸勉修身齊家，處事待物之道。

(2)過失相規：入約者應各自省察，不可酗酒搏鬥訴訟，遇有犯

者應加以勸告。

(3) 禮俗相交：鄉約中規定送迎慶弔的儀節。

(4) 患難相卹：遇有水火盜賊、疾病死亡、孤弱貧乏者，應互相
　　救助。

四、對教師專業的啟示

　　綜觀朱熹先生的事蹟與思想，有許多值得現代教師學習的地方。
首先，教師要有學為聖賢，要有「為天地立心，為生民立命，為往聖
繼絕學，為萬世開太平」的胸懷。有了這樣的胸懷，教師當能大公無
私地為教育奉獻，為教育的充分發展，開拓教育大道。

　　其次，教師要有誨人不倦的師道精神。就像朱熹一樣，無論是在
朝或者是在野，都孜孜不倦地教導他的學生。一日不教書、不講學，
就感到惶恐，就感到憂慮。即使在病中，有學生向他請益，他也打起
精神來教導學生，這種既為「經師」又為「人師」的師道精神，實在
令人景仰。

　　要成為具有師道的好老師，是要有「良師」的教誨。朱熹之所以
能成為一代大儒要歸功於他的四位好老師──五夷三先生及恩師李
侗。特別是理學大師李侗傾囊相授的教誨，加上朱熹的好學不倦，才
成為理學集大成者，對於元、明、清三朝的哲學思想，產生極大的影
響力。

　　要成為好老師也要有「益友」的切磋琢磨。就像朱熹的兩位摯
友──張栻與呂祖謙，在他建構學問的道路上給他很多幫助一樣。誠

如《禮記‧學記》：「獨學而無友，則孤陋而寡聞。」一位現代教師如果沒有教學夥伴可以切磋教學知識，則其教學見聞當有其侷限性。

要成為好老師，固然可以和志同道合的學友切磋學問，亦可以接受不同的觀點和見解，以使自己的教學方法更多元化、更豐富化。就像在朱熹與陸九淵在「鵝湖之會」，雖然並沒有達到雙方統一思想的目的，但使他們各自對對方的思想有了進一步認識，也促使對自己的思想進行反省。這種尊重差異，學習他人觀點的作法，會使自己不斷的精進。

要成為好老師，也要有朱熹在逆境中剛毅堅卓的精神。這一點從朱熹在遭受「慶元黨禍」的嚴重打擊後，仍不畏生死，不屈不撓，怡然講學，為闡揚大道而繼續奮鬥，可以充分的顯現。現代教師如果有這種精神，在教學上便沒有克服不了的難關。

教師的主要工作固然在教學，但是有時也必須兼任行政工作。在行政工作中要有所不為，更要有所作為。就像朱熹在多次斷斷續續的為官任上，雖然任期都不長，但是都有所作為，他不但為國計民生奉獻心力，而且勇於改革，在整軍備、清吏治、正學風等三方面，都做出實質的貢獻。

教師即使不當行政人員，也可以效法朱熹勇於直言進諫的作法，為校務的發展與革新，提供建設性的意見。教師參與校務的機會很多，例如：參與校務會議、課程發展委員會等，都是可以提供教學上專業意見的正式管道。此外，亦可以透過非正式的溝通，對學校行政提供專業意見。

教師的工作除了教學與行政之外，另外一個重要的工作便是研

究。朱熹在講學中，著作量相當的豐厚；即使在繁重的政務之下，仍著述不斷。這是現代教師可以效法的。「教師就是研究者」（teacher as researcher）是現代的教育觀念，它提醒中小學教師要加強行動研究工作，透過行動研究，建構個人的教學實務智慧。

在教學上，朱熹所提供的治學方法——「立志」、「堅毅」、「居敬」、「窮理」與「實踐」是很有啟示性的。是故，教師應鼓勵學生及早立定志向，有毅力且專一的在各種學習內容上不斷地學習。另外，學習要從學生生活處著手，以提高學生的學習動機；學習要循序漸進，由易而難，逐步加深加廣。更重要的是要「知行合一」，一方面引導學生將所學知識在生活中加以應用，另方面鼓勵學生「做中學」，由實踐中獲得知識。

最後，為提升教育的成效，學校和教師也要充分利用社會教育的力量。社會教育係指由學校及家庭以外的機關，對群眾所從事以文化為主體的教育。就像朱熹的社會教化在化民成俗上發揮了很大的功效，現代教師可以透過社區圖書館、博物館或傳播媒體等，來作為學校教育的輔助。

五、對教學輔導教師的啟示

朱熹的事蹟與學說對教學輔導教師亦啟示良多。首先，教學輔導教師的成長是一個漫長而專業的歷程。教學輔導教師首先必定是一位立志學為良師的好老師，之後在教學上行有餘力，乃自願成為學校中的教學領導者，願意帶領校內同仁攜手成長，發揮「教師領導」

（teacher leadership）的功能。

作為學校中的一位教學領導者，教學輔導教師可以發揮的功能之一便是成為夥伴教師的良師益友。在教學輔導教師的成長歷程中，往往受益於許多良師益友的啟迪，到了自己有能力與經驗為別人服務的時候，能成為夥伴教師的良師益友，也算是對於社會的一種回饋。我們的教育界就在這種「善的循環」中，建構一個更美麗、更有人情味的社會。

善良本就是一個美好社會的本質。教學輔導教師能把這種善良的特質，發揮得淋漓盡致，是相當令人敬佩的。教學輔導教師有了這種不忍人陷於困境以及與人為善的慈悲心，而願意承擔更多的責任，在當今崇尚現實、崇尚名利的世俗中，是值得高歌的。

就像每一位先聖先賢一樣，每一個人的一生中都在追求尊榮感與自我實現。教學輔導教師制度提供一個平台，讓教學輔導教師在學校中有尊榮感，獲得行政和同仁的肯定，並能在幫助夥伴教師的過程中，充分地自我實現，發揮人性的光輝，讓自己的人生更美麗，是一個立意非常良善制度，值得每一位教育工作者珍惜之、倡議之、推動之。

最後，教學輔導教師在帶領夥伴教師的過程中，除了要誨人不倦外，還是要鼓勵夥伴教師把握「立志」、「堅毅」、「居敬」、「窮理」與「實踐」等幾個原則。也就是要鼓勵夥伴教師及早立定志向，學為良師。在教師學習的過程中，有毅力且專一的在各種學習內容上不斷的精進。另外，學習要從實際問題處著手，能夠即學即用，即時解決教學問題；學習要循序漸進，由易而難，逐步建構自己的教學實

務智慧。更重要的還是要「做中學、行中思」，達到「知行合一」的理想。

六、結語

　　朱熹先生誠為我國的聖賢、一代儒學宗師，他的成就，誠如國學大師錢穆對朱熹的評價：「在中國歷史上，前古有孔子，近古有朱子，此兩人皆在中國學術思想史及中國文化史上，發出莫大聲光，留下莫大影響。瞻觀全史，恐無第三人可與倫比。」在教育上，朱熹的教育學說迄今仍影響深遠；其誨人不倦的師道精神與剛毅堅卓的處世哲學，更是值得學習與效法。

7

王陽明 三不朽的教育家

一、前言

　　王陽明（1472-1528）先生是一位中國教育史上立德、立言、立功三不朽的教育家，他不僅在學為聖賢上為中國人立下榜樣，而且其所創立的「心學」影響中國及日本甚巨，在事功上，他是一位清廉的好官又有赫赫戰功；在教育上，他致力書院教育，其教育思想具有時代的創新性，是一位非常值得學習的大教育家。是故，先略述其生平事蹟，再說明其教育學說，最後再闡述其生平事蹟與學說對教師專業與教學輔導教師的啟示。

二、生平簡述

　　依據王熙元（1999）與鄭吉雄（1990）的論述，王陽明先生的生平可以簡述如下：

（一）聰穎過人的童年

　　王陽明本名王守仁，字伯安，浙江餘姚人，因曾在紹興城外的陽明洞讀書講學，自號陽明子，世稱陽明先生。

　　陽明先生在明憲宗成化 8 年（1472）生於一個書香世家，幼時聰穎過人，雖 5 歲時才會說話，但之後即表現「過耳成誦」的智慧，能對祖父王倫平日讀過的書中文句，朗朗上口。11 歲時因父親王華至北平任官，隨祖父移居北平，途經金山寺時，隨興賦出下列兩首七言絕句，可見先生的聰明才智：

金山一點大如拳，打破維陽水底天。醉綺妙高臺上月，玉簫
吹徹洞龍眠。

山近月遠覺月小，便道此山大於月。若人有眼大如天，還見
山小月更闊。

（二）學做天下第一等事

　　陽明先生 12 歲時正式就學於私塾，惟先生才氣縱橫，天性豪放
不羈，對於死記硬背的學問並不滿意，有一次他向塾師請教：「什麼
是天下第一等事？」塾師答以：「讀書登第」，先生不滿意這個答案
並回以：「學做聖賢才是天下第一等事。」可見先生從小就能獨立思
考，有異於常人的卓越見解。

　　由於缺乏明師指點聖賢之道，先生轉而學做豪傑之事，15 歲時
見北方多事，乃出居庸關，考察山川形勢，慨然有捍衛國土、經略四
方之志。17 歲時，奉父命到南昌與諸氏成婚，可就在結婚當日，無
意中閒逛進入鐵柱宮，遇一道士，便向其請教養生之道，竟與道士靜
坐忘歸，錯過了洞房花燭夜。

　　18 歲時，拜謁理學大儒婁一齋，學習朱熹「格物致知」之學。
為了驗證朱熹的學說，有一次他下定決心要窮竹之理，「格」了七天
七夜的竹子，什麼都沒有發現，人卻因此病倒了。從此，王陽明對朱
熹學說產生懷疑，覺得格物並不是學為聖賢之道，失望之餘乃將學習
興趣轉向辭章之學，與友人組成詩社，終日陶醉於詩歌吟唱之中，繼
而又見國家深受外患之苦，乃又將學習重心轉向武藝及軍事作戰策

略。

（三）不順利的早期官場生涯

陽明先生經多次摸索仍找不到人生目標之後，便開始定下心來準備科舉考試，21 歲中舉人，然 22 歲和 24 歲時，兩次會試皆不第，幸在 28 歲時（孝宗弘治 12 年，1499）進士及第。先任工部觀政，次任刑部主事，目睹明朝國政日衰、外患頻仍，乃上疏力陳改革意見，惟並未受當朝所重視與採納，失望之餘，乃放情山水與出世之道，於 31 歲時告病還鄉，築室於陽明洞，研究仙佛之道。

（四）在龍場悟道

然礙於親情難捨、人倫難棄，經一番掙扎後，陽明先生還是選擇重新走回儒家的入世之道。33 歲時，再度任官職，擔任兵部主事，準備施展治國治民之術，一抒經世致用的抱負。沒想到一個大災難正悄然地向他襲來。

在陽明先生 35 歲，明武宗正德元年（1506）冬，宦官劉瑾操持朝中的權柄，並逮捕南京給事中戴銑等二十餘忠直之士入獄。王守仁不顧自身安危，上疏援救，而觸怒了劉瑾，被施打廷杖四十後，謫貶至貴州龍場當龍場驛驛丞。沿途為了躲避劉瑾派來的刺客，陽明先生還假裝跳水自盡，才逃過一劫。歷經千里跋涉，最後終於來到偏遠蠻荒的瘴癘之地赴任。

陽明先生於正德三年的春天抵達龍場驛，起初連住的地方都沒有，只能在叢林荊棘中露天而睡，後乃尋洞而居，然就在這個極端惡

劣環境的磨鍊下，先生放下一切，日夜在石棺中靜坐，就在「定、
靜、安、慮、得」的功夫下，頓悟到「聖人之道，吾性自足，向之求
理於事物者，誤也。」至此他深刻理解到「心即理」的學說，並由此
推衍出「致良知」、「知行合一」的心學。

　　貴州龍場當驛丞的三年貶抑時期，是陽明先生一生最黑暗的時
期，卻也是最光明的時刻，此時他不但建立了思想體系，也受貴陽提
督副使席元山的尊崇下，為先生修葺「貴陽書院」，並率諸生以師
事之禮，聘請先生當主講。此外，先生又命人伐木建造了「龍岡書
院」，聚集當地的中原人士以及部落土著講學。在陽明先生的努力
下，從此貴州學風開始興盛，而先生的聖人之學也開始流傳。

（五）平順的中期官場生涯

　　不久，劉瑾因罪被誅殺，王守仁升為江西廬陵縣令，再升南京刑
部主事，吏部尚書楊一清改其供職於驗封清吏司主事。此後他屢次升
遷，歷任考功清吏司郎中。正德 7 年（1511），任南京太僕寺少卿。
正德 9 年，時先生 41 歲，改任南京鴻臚寺卿。

　　在這一段時間，陽明先生的學問已頗負盛名，先生在從事政務的
餘暇，心力多用在書院講學。每至一地，從者日多，王陽明的心學乃
廣為散布流傳，逐漸成為明朝中葉後的一個重要思想流派，影響中國
及日本的教育與政治發展甚巨，例如：日本明治維新的政治家西鄉隆
盛（1828-1877）和伊藤博文（1841-1909）皆深深服膺與踐行陽明先
生的「致良知」學說。

（六）建立三大事功的晚期官場生涯

　　從武宗正德 11 年（1516），陽明先生 45 歲開始，至世宗嘉慶 7 年（1528）他逝世為止，這十餘年間是他思想更圓熟、學說更為周詳完備的時期，此時他允文允武，從一介書生，搖身一變成為獨當一面的大統帥。在個人修養上，更進一步達到聖賢的境界，完成他年少時所立的「做天下第一等人」的理想。

　　正德 11 年，先生任都察院左僉都御史，以都御史身分負責巡撫南贛以及福建的汀州和漳州一帶，兩年間剿清了為患數十年的流寇。其次，在正德 14 年，平定了在江西南昌的寧王宸濠叛亂，使東南半壁江山免於生靈塗炭。最後，在世宗嘉靖 6 年，時年 56 歲的陽明先生又帶病征服了廣西思州的土酋，不但安定了國家西南邊陲，也為明朝擴大了版圖。

　　惟陽明先生的成就並不只是在軍事武功而已，他會在平亂之地設立縣治，以利政府治理；建議朝廷以徵收鹽稅的方式，補充軍餉，以減少老百姓的負擔；建立保甲法，以利鄉民守望相助；設立縣學，傳揚中華文化，以開民智。總之，在照顧民生以及長治久安方面，他也頗有建樹。

（七）病逝他鄉

　　由於軍務繁重，加上身體素來羸弱，到了世宗嘉慶 7 年（1528），時年 57 歲的陽明先生已經走到生命的盡頭了。此時，他整頓好兩廣的軍、政事務後，便上疏告老返鄉就醫。不幸於當年 11

月 28 日，舟行於江西南安的青龍舖病逝於旅途之中。彌留之際，其門生問先生有何遺言，陽明先生回以：「此心光明，亦復何言！」

三、教育學說

（一）陽明先生的心學

據王熙元（1999）的記載，陽明心學可分為「心即理」、「致良知」、「知行合一」三大綱領。「心即理」是指天下沒有心外之物；人的心是包羅萬象的，其本體為寂然不動的性，而性也是理，也就是天理。是故人的心本然就具有天理的，只待加以引導和開發。這種說法，頗似佛家的一首開悟詩：「我有明珠一顆，久被塵勞關鎖；今朝塵盡光生，照破山河萬朵。」

「致良知」是指人既有辨別是非善惡的潛能，但往往會受到私欲所蒙蔽，而失去了良知的作用。而要恢復良心本體的光明，不能只靠知識傳授，而要著重身心上的體驗與實證，所以特別強調「致」字，也就是行的重要性。

「知行合一」是指：知是行的念頭，行是知的工夫；知是行的開始，行是知的完成。知行二者是不可須臾分離的，否則就不是真知真行。也就是說，知道是非善惡就要身體力行，才能完成知行一體的功能。

陽明先生的學生錢緒山，曾將陽明先生的心學，總結為一首偈語：「無善無惡是心之體，有善有惡是意之動，知善知惡是良知，為

善去惡是格物」，這也正是《大學》中所說的「正心、誠意、致知、格物」的功夫。惟其中的格物不是指「窮究」「外在物質」的道理，而是指「導正」「內在事理」，由不正歸向於正。

（二）陽明先生的教育思想

依據郭齊家（1990）的記載，陽明先生的教育思想除了「致良知」的教育作用論以及「知行合一」的道德教育論之外，亦有「順導性情」的童蒙教育論和「訓俗教化」的社會教育論。

現就陽明先生的童蒙教育論，即其在兒童教育上的觀點，說明如下（其童蒙教育論在當時八股橫行、強調講述與死記硬背的教學背景下，是具有創新價值的；其社會教育論，因非本文關注焦點，故暫存不論）：

1. 要順應性情與鼓舞興趣：兒童的性情總是喜樂嬉遊，而怕拘束禁錮，是故教育兒童要從這個特點來加以設計教學，才能提高兒童的學習興趣與成就。因此，維持其高昂學習動機便是兒童學習成功的關鍵。

2. 要自求自得與獨立思考：兒童的學習必須強調自求自得，培養獨立思考的能力，反對偶像崇拜，盲從教師的學習方法。如果兒童的學習是出自內心，透過自己的思考，所獲得的知識才是真知識；反之，一味地模仿他人，盲從權威，並無法獲得真知識。且知識也要經過體驗和實證，才能說是真知灼見。

3. 循序漸進與因材施教：兒童的學習要從現有的基礎出發，逐漸加深加廣，順著他的發展階段實施德、智、體、群、美的全人教育。另

外，每個學童的質資皆不同，所以教學方法也應該因人而異，不能用同一個方法，同一個模式去束縛兒童。

四、對教師專業的啟示

陽明先生的言行思想對我國的教師專業，有許多啟示的地方。首先，就像陽明先生從小就立志學做天下第一等人、第一等事，當老師也要有當第一等老師的志向，而不只是為了生計才謀得一份教職。有了良師的志向以後，在往後數十年的教學生涯中，也應時時莫忘初衷，力求實踐理想。

其次，在立志當好老師後，在教學現場難免會遭遇到諸多的困境。就像陽明先生在龍場悟道一樣，困境常是磨鍊一位老師成為卓越教師的機會。孟子有言：「天將降大任於斯人也，必先苦其心志，勞其筋骨，餓其體膚，空乏其身，行拂亂其所為，所以動心忍性，增益其所不能。」確是至理名言。

再者，當老師也要有博雅的學習，才能成為多才多藝的好老師。就像陽明先生的學習從不限於理學和八股文，對於書法、辭章之學、山川地理之學、兵學、佛學、道學等皆有深入涉獵，才能有助於其後在龍場悟道，以及一系列的文治武功。

在教學上，陽明先生的「致良知」和「知行合一」學說，係發揚陸九淵的「尊德性」之學，非常具有道德教育的意義。道德教育不應是道德知識的灌輸，而應在實際的情境中，引導並啟迪學生的是非善惡之心，並且鼓勵學生即知即行，實踐道德的信念。

其次，要把「孩子看作孩子」，而不能當成小大人，甚至將其視為「囚徒」。尊重學生的個性，順著學生的性情，以多元智能的課程與教學，發展學生的多元智慧，才能符合人文主義的教育精神。

同時，因為學生的學習程度與學習風格往往各有差異，要用同一種教學策略對待不同的學生，實在不符合因材施教的理念。是故現代教學理論與實務中所強調的「差異化教學」（differentiated instruction），亦即教師能依據學生個別差異及需求，彈性調整教學內容、教學進度和評量方式，以提升學生學習效果，並引導學生適性發展，實有採行的必要。

最後，循序漸進、學不躐等的觀念，也是值得教師學習的。作為一位好老師，首在了解學生的發展階段，然後施以適當的課程與教學，既不能要求過高過急，亦不能停留在固定的低水準上，而是循序漸進地引導學生的學習，一步步往高一階段的程度發展，這樣時日一久，便可呈現顯著的學習成效。

五、對教學輔導教師的啟示

王陽明的生平事略及學說對於教學輔導教師亦頗有啟示。陽明先生的「靜處體悟」和「事上磨鍊」是很有啟發性的。在「靜處體悟」上，由於作為一位初任教師或新進教師（即教學輔導教師制度中的夥伴教師），常承擔繁忙煩重的教學工作，而忙到不知所措，這時每日或每週找一個時間，靜下來思考和反省，經由「定、靜、安、慮、得」的功夫，往往能找到適宜的解決策略。

在「事上磨鍊」上，初任教師或新進教師每遇到一個教學事件，特別是新接觸的教學事件，便是磨鍊自己成為好老師的機會，這時要能處變不驚，心中做好理性的教學決定，然後小心謹慎地加以應對，便能通過情境的考驗，學到寶貴的教學經驗。

對於作為陪伴與支持初任教師或新進教師的教學輔導教師而言，要確知夥伴教師的學習需求與學習風格，而訂定個別化的教學輔導計畫，應是教學輔導工作的第一步。其次，按計畫循序漸進地加以實踐，並在過程中做適當的調整和修正，才能對夥伴教師提供系統性、有計畫性的協助。

由於夥伴教師在「事上磨鍊」方面也許會遭到許多困境，這時教學輔導教師需要及時伸出援手，或提供個人的處理經驗，或示範個人的教學策略，讓夥伴教師有所理解後，鼓勵夥伴教師「做中學、行中思」，能在實際解決的過程中，不斷發展個人的教學實務智慧。

最後，要培養夥伴教師「自求自得與獨立思考」的能力。夥伴教師雖然有教學輔導教師的陪伴與支持，但總不能長期依賴教學輔導教師。是故教學輔導教師在教學輔導過程中，宜鼓勵夥伴教師自主學習，並且在學習過程中培養獨立思考、獨立解決問題的能力，如此，夥伴教師就可以成為既能單兵作戰，又能與他人協同合作的好老師。

六、結語

「立德、立言、立功」係中國人為人處世的最高標準。「立德」即樹立高尚的道德；「立言」即提出具有真知灼見的思想體系；「立

功」即為國為民建立功績。此三者雖久不廢，流芳百世。然而世上極少有人能做到三不朽，而王陽明先生卻是其中的佼佼者，其成就令後人永遠景仰懷念；其教育思想與作為在教育史上亦永垂不朽。

8

顧炎武 倡導經世致用的大儒

一、前言

顧炎武先生（1613-1682），係我國明末清初著名的思想家、教育家，知識淵博，與黃宗羲、王夫之並稱「明末清初三大儒」、「清初三先生」或「明末清初三大思想家」，在中國哲學史與教育史上占有獨特的地位。顧炎武的高尚人格與特立獨行，以及所倡導的經世致用之學，對於中國教育發展有深遠的影響。是故，先略述其生平事蹟，再說明其教育學說，最後再闡述其生平事蹟與學說對教師專業與教學輔導教師的啟示。

二、生平簡述

依據葛榮晉與魏長寶（2000）、賈馥茗等人（2003）、維基百科（2021）、百度百科（2021）、臺北市孔廟儒學文化網（2021）的論述，顧炎武先生的生平可以簡述如下：

（一）出生世家，從小接受儒家教育

顧炎武，初名絳，字忠清，號寧人，江蘇崑山人。滿清入關後，改名炎武，或自署蔣山傭，學者稱亭林先生，因其家鄉有亭林湖，為南朝大學者顧野王的舊居，故以其地名之以為紀念。顧炎武生於明萬曆 41 年（1613），卒於清康熙 21 年（1682），享年 70 歲。

顧家是江蘇崑山地區的望族，世代為儒。顧炎武的祖父顧紹芳是神宗萬曆 5 年（1577）的進士，父親顧同應，從小聰穎好學，工詩

文，中過秀才，曾登神宗萬曆 43 年（1615）和萬曆 46 年（1618）的副榜（科舉時代會試或鄉試取士，除正榜外另取若干名，列為副榜）。顧同應生有五子，顧炎武居次。母親何氏，生性嚴謹，熟讀書史，為女工師，有過人的識見。

顧炎武從小便過繼給早年去世的堂伯顧同吉，嗣母王氏，為明遼東行太僕王宇之孫，太學生王述之女。自幼惡華喜質，嚴整如成人。16 歲便未婚守節，依約嫁到顧家。王氏到顧家之後的生活，「晝則紡織，夜觀書至二更乃息」，尤喜讀《史記》、《資治通鑑》及明代政紀諸書，她孝順公婆並獨力撫養顧炎武長大成人，在顧炎武還小的時候，便告訴他有關岳飛、文天祥、方孝孺等人的忠孝節義故事。滿清入關之後，王氏還守節絕食而死。顧炎武由這樣一位堅毅剛烈的母親撫養長大，幼時勤學、壯年抗清，最終成為一位不當官的大學者，其來有自。

顧炎武的嗣祖父蠡源公，豪邁隱逸，治學嚴謹，熟悉典故，留心時政。明天啟 6 年（1625），14 歲的顧炎武考取了秀才後，他的嗣祖父便諄諄告誡他：「士當求實學，凡天文、地理、兵農、水土，及一代典故，不可不熟究。」在這樣一位有遠見、有洞見的長者指導下，對於顧炎武整個的治學內容、研究方向，奠定了紮實的基礎。顧炎武也因此熟讀二十一史與《十三朝實錄》，同時對其他有關國計民生的實用之學，也同樣有高度的學習興趣。

（二）潛修經史，與身社會

顧炎武生性聰穎，讀書一目十行，加上嗣母、嗣祖父苦心栽培，

學問已有很深的根底。其嗣祖父的老友見其天資聰穎，乃建議學習科舉帖括。爲順應嗣祖父的期望，顧炎武從 12 歲開始學習科舉文字，14 歲中秀才，18 歲首次參加科考，此後連年應歲試、科試，直至 27 歲，始終未考中舉人。科場之失意，使顧炎武看到了科舉制度的弊端和明代政治的腐敗。後來，他更對這一切進行了鞭辟入裡的猛烈批評。他痛切地感到，在此國家存亡之秋，當務之急就是要摒棄空疏無用的虛言，以經世致用之實學來挽救國家的頹勢。因此，他更加發憤讀書，尤其留心有關國計民生的學問。

顧炎武 14 歲取得生員（即秀才）資格後，與同窗歸莊興趣相投，成爲莫逆之交。歸莊爲明朝著名文學家歸有光之孫，二人「同鄉同學又同心」，常常在一起讀書研習經史，縱論古今，砥礪節操。當時士人莫不以浮名苟得爲務，唯歸、顧二人卻喜古文。二人個性特立耿介，人以爲狂，時人號爲「歸奇顧怪」。

明崇禎 3 年（1630），顧炎武 18 歲時，前往南京參加應天鄉試，並與歸莊共同加入復社。復社是明末一些不滿朝政，希圖對國家社會有所建樹的士人組織的社盟。其領袖是張溥、張采。他們以「興復古學」爲宗旨，在講學論道的形式下，批評朝政，切磨德義，講求性命。顧炎武參加復社，走出家門，參與社會，結識了一批志同道合的仁人志士，如東南名士陳子龍、黃宗羲、吳應箕等，透過在一起相互切磋，談經講學，議論褒貶，開拓了眼界，更堅定了其「天下興亡，匹夫有責」的心志。

明崇禎 12 年（1639），顧炎武屢試不中，深感國家的多難，係由於讀書人不求實用之學，而無法起到救亡圖存的作用，乃退而讀

書，潛心於經史有用之學。他歷覽二十一史、十三朝實錄、天下郡縣誌書、前輩文編說部、章奏文冊以及公移邸抄等文獻，舉凡有關於民生之利害者，分類錄出，旁證博引，後來編纂爲《天下郡國利病書》；舉凡有關於興地者，則編纂爲《肇域志》。

（三）明朝滅亡，志謀恢復

明崇禎 17 年（1644）3 月，闖王李自成攻陷北京，崇禎帝自縊於煤山。4 月，清兵長驅直入山海關，李自成西走。5 月，清軍定鼎北京。明總督馬士英等迎福王朱由崧於南京，是爲南明弘光帝。顧炎武在這一時候，義憤填膺，著有〈感時詩〉、〈大哀詩〉等篇，痛哀京師的淪亡，亟盼神州的復興，於是更名炎武，以表彰自己的志節。

清兵入關後，顧炎武暫居語濂涇，由崑山縣令楊永言的推薦，任兵部司務。顧炎武把復仇的希望寄託在弘光小朝廷之上，滿腔熱血，亟思有所建言，乃撰成〈軍制論〉、〈形勢論〉、〈田功論〉、〈錢法論〉，即著名的「乙酉四論」，爲南明小朝廷出謀劃策，針對明朝軍政廢弛、官軍無能等種種弊端，從軍事戰略、兵力來源和財政整頓等多方面提出一系列建言。

清順治 2 年（1645）5 月，顧炎武取道鎮江赴南京就職。尚未到達，南京即爲清兵攻占，弘光帝被俘，南明軍崩潰，清軍鐵騎指向蘇州、杭州。顧炎武和摯友歸莊、吳其沆投筆從戎，參加了僉都御史王永柞爲首的一支義軍，共起義兵於崑山，同各路義軍互爲聲援，擬先收復蘇州，再取杭州、南京及沿海，一時「戈矛連海外，文檄動江東」。只可惜臨時組成、缺乏訓練的非正規部隊，實在敵不過氣焰正

熾的滿清八旗精銳，義軍攻進蘇州城，即遇埋伏而潰散，松江、嘉定等城亦相繼陷落。

　　事敗，顧炎武潛回崑山，與吳其沆、楊永言、歸莊等守城拒敵；不數日崑山即失守，死難者多達四萬人，吳其沆戰死，顧炎武生母何氏右臂被清兵砍斷，兩個弟弟顧子曵、顧子武被殺，顧炎武本人則因城破之前已往語濂涇，而倖免於難。九天後，常熟陷落，顧炎武嗣母王氏聞變，絕食殉國，臨終囑咐顧炎武，說：「我雖婦人，身受國恩，與國俱亡，義也。汝無爲異國臣子，無負世世國恩，無忘先祖遺訓，則吾可以瞑於地下。」顧炎武目睹慈母爲國捐軀，國憂家難，集於一身，更堅定了其抗節不屈的志向。

　　自南明弘光帝在南京敗亡，明宗室唐王朱聿鍵在禮部尚書黃道周等輔佐下，監國於福州，旋即稱帝，建元隆武。經大學士路振飛的推薦，隆武帝遙授顧炎武爲兵部職方司主事；但由於嗣母新喪，顧炎武一時難以赴任。當時，清吳淞提督吳勝兆與巡撫土國寶不和。前明兵科給事中陳子龍、成安府推官顧咸正、兵部主事楊延樞等人暗中策動吳勝兆舉義反正，顧咸正爲顧炎武同宗長輩，陳子龍等都與顧炎武往來密切，顧炎武也參與此次策反行動，一直奔走其間，出謀劃策。不幸行動失敗，吳勝兆被解往南京斬首，清廷大肆搜捕同案諸人。陳子龍、顧咸正等受此案株連而罹難，顧炎武則僥倖逃脫。

　　在策動吳勝兆反正的同時，顧炎武還進行了其他一些活動。清順治3年（1646），顧炎武本打算赴福建就任兵部職方司主事一職，惟臨行之際，路振飛派人與他聯繫，希望他聯絡「淮徐豪傑」，伺機起義。此後四、五年中，顧炎武東至海上，北至江蘇淮陰，僕僕風

塵，奔走於各股抗清力量之間，意圖糾合各地義軍伺機而動。然而，不久，閩浙沿海的隆武政權潰敗瓦解，顧炎武親身參與的抗清活動也一再受挫，但是，顧炎武並未因此而懷憂喪志。他以黃帝幼女溺死東海，化為精衛鳥，銜木石以填東海的故事來自我比喻：「萬事有不平，爾何空自苦，長將一寸身，銜木到終古。我願平東海，身沉心不改，大海無平期，我心無絕時。嗚呼！君不見，西山銜木眾鳥多，鵲來燕去自成窠。」

（四）國難家難，雪上加霜

顧炎武奔走國事，家道已中落。改朝換代之際，不但嗣母、兩位弟弟相繼殉國，且家中數次失火和被劫，天災人禍，接踵而來，日常所需，已日趨拮据。時運不齊濟，命途多舛。國難家難，同時俱發，可謂是雪上加霜。

更令人痛心疾首的是，清順治 12 年（1655）家中惡僕陸恩見顧家家道衰落，門庭日微，且顧炎武長期漂泊在外，無暇兼顧家庭事務，竟然勾結土豪葉方恆，打算向清廷告發顧炎武通海謀反，葉方恆是當地的仕紳、大地主，曾經典下顧家八百畝田地，顧炎武急欲贖回，兩方發生帳款上的糾紛，纏訟許久。顧炎武聽聞陸恩勾結仇家，盛怒之下，將陸恩溺斃。葉方恆又告發顧炎武殺人，顧炎武於是入獄，幸賴友人路澤博（明大學士路振飛之子）全力相救，最後才以「殺有罪奴」的罪名結案。出獄後，仇人又追殺到南京。在出獄後的第二年，顧炎武返回崑山家鄉，將家產盡行變賣，從此北上遊學，一去不返。他曾在〈流轉〉一詩中，表達他的心情：

流轉吳會間，何地爲吾土？登高望九州，極目皆榛莽。……畏
途窮水陸，仇讎在門戶。故鄉不可宿，飄然去其宇。……丈夫
志四方，一節亦奚取。……浩然思中原，誓言向江滸。

（五）以遊爲隱，著書立說

清順治 14 年（1657），顧炎武時年 45，開始束裝北遊，根據他
的詩文表示是要避仇與塞上立業，但細考他的動機，其實是爲了要結
交反清人士，伺機尋找反清復明的機會。此一時期，他所從事學術上
的考證和訪友，如徐東痴、馬繡同、王山史等，對於他日後完成經世
致用之學，有很深的影響。

顧炎武一方面北上考察山川形勢，一方面聯結反清人士，足跡遍
歷山東、山西、河南、河北、陝西等地，「所至阸塞，即呼老兵退
卒，詢其曲折，或與平日所聞不合，則即坊肆中發書而對勘之」，
「往來曲折二三萬里，所覽書又得萬餘卷」，清順治 16 年（1659），
出山海關，歷覽其除要，晚年，始定居陝西華陰。

顧炎武雖然在北遊之前，已經著手編纂輿地和天下郡國利病之
書，可是離定稿還有一段距離，因此他藉著此次北遊期間，實地考
證，加以增刪修補。其他如《日知錄》的增訂修補，《音學五書》的
完成，《金石文學記》的考求，《營平二州史事》的編纂考訂，都是
在北遊這段時期完成的。他的著述極多，是清代古韻學、考據學的開
山祖。

（六）堅拒帝師之邀，終身不仕

清康熙 7 年（1668），顧炎武時年 56 歲，聽聞山東萊州有「黃培詩案」，為恐反清友人受到牽連，毅然馳赴濟南，自請囚禁審訊，遂在濟南第二度入獄半年，幸得友人李因篤等大力營救，加上顧炎武自己的有力申辯，終於獲釋。

由於顧炎武之學問品節在士林具有舉足輕重的影響，清廷屢次徵辟籠絡，而顧炎武亦屢屢斥絕。清康熙 10 年（1671），顧炎武北游京師，住在外甥徐乾學家中，康熙之帝師大學士熊賜履設宴款待顧炎武，特邀顧炎武輔佐修《明史》，顧炎武拒絕說：「果有此舉，不為介之推逃，則為屈原之死矣！」

在平定三藩之亂後，康熙帝於康熙 17 年（1678）開博學鴻儒科，意以籠絡手段，招致明朝遺民為官，顧炎武三度致書博學鴻儒科的總裁葉方藹，表示「耿耿此心，終始不變」，以死堅拒朝野諸公的推薦，又說「七十老翁何所求？正欠一死！若必相逼，則以身殉之矣！」

康熙 21 年（1682）正月初四，顧炎武在山西曲沃韓姓友人家，上馬時不慎失足，嘔吐不止，初九丑時，一代哲人病逝，享年 70。

三、教育學說

顧炎武教育思想的重心在「經世致用」，而要達到經世致用，必須從「博學於文」和「行己有恥」入手，茲敘述如下（賈馥茗等人，

2008）：

（一）治學：博學於文

　　博學於文的具體方法，可細分為治學範圍、治學精神以及治學方法如下：

1. 治學範圍：顧炎武在經濟學、經學、音韻學、史學、地理學、目錄學等，只要能經世致用者，皆有所涉獵。

2. 治學精神：顧炎武的治學精神表現在「堅定的志向」、「恢弘的器識」、「有恆」等三方面：

   (1) 堅定的志向：顧炎武從小就受嗣祖父的勉勵要追求實學，嗣後又受嗣母的精神感召，極力闡揚民族精神，提倡「行己有恥」的道德主張。而這種志向，歷經各種苦難而更加堅定不移。

   (2) 恢弘的器識：顧炎武提倡經世致用的淑世主張，以天下興亡為己任，不求個人的得失與利害。

   (3) 有恆：顧炎武秉持活到老、學到老的終身學習態度，不畫地自限，不斷精益求精，止於至善。

3. 治學方法：顧炎武的治學方法係運用「廣博的學習，多方印證」、「精熟的研析」、「創造發明」、「探本溯源」：

   (1) 廣博的學習，多方印證：做學問除了要廣泛的涉獵各種書籍之外，還要多方的印證。而印證的方式有二種，一是實地印證，二是書中求證。

   (2) 精熟的研析：只有廣博的學習，而沒有深入的探究，必不夠透澈。

(3) 創造發明：做學問應該發現前人所未發現，而不要一味地重複前人所說過的話。

(4) 探本溯源：顧炎武治學，除了注重經學之外，也十分強調史學的重要，主張能夠了解一個問題的來龍去脈，才能夠把握住問題的核心精神。

（二）修身：行己有恥

顧炎武目睹明末清初讀書人空有學術，而無道德操守，對國家的危害反而更深，所以在《日知錄》〈廉恥篇〉中強調「故士大夫之無恥，是謂國恥。」且恥是修身的根本，有恥才能有所爲、有所不爲：

1. 有所不爲（修己）：在日常生活中的每一件事物都要謹守分際，不可趨炎附勢，枉道從人，必須做到剛直耿介。

2. 有所爲（安人）：讀書人除了修己之外，還要進一步安人，以成己成人，亦即除了獨善其身，更要兼善天下，所學才不會落空。

四、對教師專業的啟示

綜觀顧炎武先生的事蹟與思想，有許多值得臺灣教育界學習的地方。首先，秉於「教育目的在於培養經世致用人才」的理念，教育行政機關應遵行實用主義的教育，並加強通識教育，培養學生成爲文武兼備、能多方面發展的實用人才。

其次，顧炎武「行己有恥」中的有所爲、有所不爲的理念，對於

教師專業團體有啟示作用。教師專業團體應加強教師專業倫理信條的訂定與執行，以使每一位教師皆能表現合乎專業倫理的行為。在有所為方面，例如：「教師應以公義、良善為基本信念，傳授學生知識，培養其健全人格、民主素養及獨立思考能力」、「教師應維護學生學習權益，以公正、平等的態度對待學生，盡自己的專業知能教導每一個學生」等。在有所不為方面，例如：「不得向其學校學生補習」、「不應在言語及行為上對學生有暴力之情形發生」、「不得利用職權教導或要求學生支持特定政黨或信奉特定宗教」等。

對於現代教師而言，顧炎武先生的事蹟與思想也有許多的啟示。首先，就像顧炎武的思想與行為深受家庭教育所影響，教師要體認家庭教育的重要性，實施親職教育，增進親師溝通，與家長充分合作，共謀學生學習的充分發展。

其次，如同顧炎武的言行事蹟亦深受諸多同道，特別是摯友歸莊的影響，教師應在學習與教學上與同事們充分合作。教師與同事應該是合作的夥伴，而非「牆的另一端的陌生人」。在學校裡，最簡單的夥伴關係是，教師和另一同事（如隔壁班教師）形成夥伴。另一個夥伴關係便是和同學科／領域或跨學科／領域所組成的專業學習社群。

教師要「博學於文」，治學範圍要廣，無論是教育哲學、教育心理學、教育社會學、教育史、課程與教學、班級經營、各科教材教法、學校行政等，甚至是非教育領域的知識和技術，只要能對教師的教學有所助益，皆宜有所涉獵。

教師治學精神要表現在堅定的志向、恢弘的器度以及持之以恆等三個面向上，特別是活到老、學到老的終身學習精神，是顧炎武給我

們最好的身教。教師唯有終身學習，才能適應當今多變化的教育環境。所謂「物競天擇，適者生存」的道理，也是適用於教育界的。

　　教師的治學方法，誠如顧炎武所實行的，要「廣博的學習，多方印證」、「精熟的研析」、「創造發明」、以及「探本溯源」。在多方印證方面，除書本上的印證外，實地的考察與學習也是很重要的，是故教師要多觀摩校內外教師的教學，並把教學理論與實際做精熟的研析，然後可以創造發明自己的教學知識，而不只是在傳遞知識而已。另外，在探本溯源方面，要強調歷史的重要，這樣才能夠了解教學問題的來龍去脈，把握住教學問題的關鍵因素。

　　教師在學習之後，如能學有所成，著書立說也是一件很有意義的事。以往教育方面的著作，大多由學者專家所撰述的，現在則有愈來愈多的中小學教師或獨立創作，或與學者專家合作，共同著作教育專書或期刊論文，這是非常可喜的現象。畢竟「教師就是研究者」（teacher as researcher）、「教師就是學者」（teacher as scholar）、「教師就是師傅」（teacher as mentor）。

五、對教學輔導教師的啟示

　　顧炎武先生的事蹟與學說，對教學輔導教師也有許多啟示。首先，顧炎武教育思想的重心在「經世致用」，而要達到經世致用，必須從「博學於文」和「行己有恥」入手。是故，作為夥伴教師的師傅教師亦要博學於文，對於課程與教學創新以及各種教學輔導技巧要廣泛的學習，才能厚植教學輔導的專業知能，提供給夥伴教師最好的服

務。當然，教師學習不是一次性的研習就可以學成的，而是一個終身學習的旅程。「活到老，學到老」，誠是教學輔導教師可以作爲夥伴教師的一個楷模。

在行己有恥方面，教學輔導教師要能有所爲與有所不爲。凡是只要對夥伴教師的成長有利的，都要努力去做；對於夥伴教師的成長不利的言行，例如：對於夥伴教師苛刻或過於嚴厲的言詞，要極力加以避免。所謂「良言一句三冬暖，惡語傷人六月寒」便是這個道理。

教學輔導教師有了良好的知識和品格，便應經世致用，努力做好教師領導的工作，一方面發揮自己的專長，另方面有益於學校的革新與發展。教學輔導教師可以做的事很多，除了帶領夥伴教師成長之外，亦可領導學校裡的教師專業學習社群，甚至進一步申請當「研究教師」（research teacher），帶領校內同仁，就學校的課程與教學問題，做協同式或全校性的行動研究，這樣定能對教育界有更大的貢獻。

教學輔導教師要做好教學輔導或行動研究的工作，勢必與校內的同事，甚至校外的專家學者做合作。教學輔導教師一個人的力量往往是相當有限的，但是如果能結合志同道合的同仁或專家學者，成爲一個教學輔導或行動研究團隊，其力量將是無堅不摧的。除此之外，團隊的建立也可以使成員間的情誼增進，而情誼常常是決定一位教育工作者願意犧牲奉獻的主要原因之一。

最後，教學輔導教師也可以效法顧炎武先生著書立說的作爲。教學輔導的工作，除了對夥伴教師言傳身教之外，必須加以文字化，才能將隱性知識（tacit knowledge）轉爲顯性知識（explicit knowledge）。所謂顯性知識又稱爲明確知識、明言知識等，指的是用書面文字、圖標和數學公式表示的知識。隱性知識有稱爲緘默知識、默會知識等，指的是尚未被言語或者其他形式表述的知識，譬如，教學輔導教師在從事教學輔導行動中擁有的知識。教學輔導教師唯有將教學輔導實務智慧以文字表述出來，才能產生更大的傳播力量。否則，隨著日月的流逝，教學經驗也隨之流逝，這是一件很可惜的事情。

六、結語

顧炎武先生誠爲一代大儒，他行己有恥、玉潔冰清的人格操守，令人景仰；他堅苦卓絕，奮鬥不懈的精神，值得學習。他博學於文，著書立說，是清學泰斗、乾嘉宗師，開創了一代的學說，給予清代學者以極爲有益的影響。他的經世致用學說，不但切中時弊，而且對於教育行政機關、教師專業團體以及現代教師而言，亦仍頗有啟示性，值得國人們加以珍視和發揚光大。

9

顏習齋　倡導實用之學的大儒

一、前言

　　顏習齋先生（1635-1704），係我國清初著名的思想家、教育家，與其弟子李塨（1650 -1733）創立「顏李學派」，在中國哲學史與教育史上占有獨特的地位。顏習齋所倡導的實用之學，比杜威（John Dewey, 1859-1952）所主張的「實用主義」（pragmatism），早了兩百多年，但是國人對於杜威的大名耳熟能詳，對於顏習齋則鮮爲人知。爲利教育學術本土化，實有必要加以介紹。是故，先略述其生平事略，再說明其教育學說，最後再闡述其生平事蹟與學說對教師專業與教學輔導教師的啟示。

二、生平簡述

　　依據阮華風（2005）、朱義祿（2006）、葉緬華（2015）、林晉右（2018）、郭青松（2020）、百度百科（2021）的論述，顏習齋先生的生平可以簡述如下：

（一）出生養子家庭，從小接受不一樣的教育

　　顏習齋，原名顏元，字易直，又字渾然，號習齋，直隸省（今河北省）保定府博野縣北楊村人。生於明崇禎 8 年（1635）8 月，卒於清康熙 43 年（1704）9 月，享年 70 歲。因築室名「習齋」，學者稱他爲習齋先生。

　　顏習齋之父名顏昶世無基業，貧苦交加，自小被蠡縣劉村朱九祚

收作養子，於是顏習齋也跟從朱姓，初名朱邦良。當顏習齋出生時，傳說屋宅外有祥瑞之氣如麟如鳳，而顏習齋哭啼聲直達雲霄，似乎預告了一位不凡哲人的誕生。明崇禎 11 年（1638），顏習齋 4 歲時，滿州兵入關，其父因厭棄家庭，隨兵出走關東，自此毫無音訊，而扶養顏習齋的責任便落在養祖父朱九祚身上。

顏習齋在青少年時代備嘗艱難。明崇禎 15 年（1642），顏習齋 8 歲起受啟蒙教育，從學吳洞雲，洞雲先生名持明，懂醫道、通武藝、善騎射，因感於明末國政腐敗，內憂外患不止，乃撰寫《攻戰守事宜》二冊，可惜不爲當朝所用。吳洞雲是顏習齋的啟蒙師，顏習齋幼時所學及學成後重視民生的理念，洞雲先生實有顯著的影響。可惜在顏習齋 12 歲時，因遭吳妻怨怒，不能再從先生學習。

在清世祖順治元年（1644），顏習齋 10 歲，李自成攻陷京師，清兵入關。顏習齋曾自述當時頭戴藍絨晉巾（明服飾）兩頂，由於民族氣節使然，顏習齋乃終身不仕清廷。

清順治 5 年（1648），顏習齋 14、15 歲時，又看了寇氏丹法，學習運氣術，雖然娶了妻子，卻不親近，想要學習道家成仙之術。後來知道仙術不可學，「乃諧琴瑟，遂耽內，又有比匪之傷，習染輕薄。」可見，顏習齋年少輕狂，成仙不成，又習染許多惡習。

（二）師事儒者，初遇陸王心學

清順治 10 年（1653），顏習齋 19 歲時，開始從儒者賈端惠先生學習。這是顏習齋思想從道家轉到儒家的第一個轉折點。賈端惠爲人重義輕利，人有向他求學的，從不向弟子索取報酬。他嚴禁受業弟

子結社酣歌、私通饋遺，顏習齋乃遵其教誨，痛改前非，一些壞習氣頓受洗滌乾淨。爲了科舉功名，顏習齋從 10 歲起，還學習八股時文。養祖父朱九祚曾想爲他賄買秀才頭銜。顏習齋哭泣不吃飯，說：「寧爲眞白丁，不作假秀才！」結果，經過勤奮苦讀，十九歲時，乃考中秀才。

　　清順治 11 年（1654），顏習齋 20 歲時，因養祖父與人訴訟，家道中落，回鄉居住後由他擔負起家計。他耕田養家，粗茶淡飯，樂在其中，不以貧窮爲恥。爲了謀求生計，開始學習醫術，同時開設家塾，教育家鄉子弟。21 歲時，閱讀《資治通鑑》，廢寢忘食，以博通古今、知曉國事興衰爲己任，並且決心廢棄科舉事業。後來他雖入文社、也應歲試，但都只是爲了取悅家人的期待而已，不願以此誤了終身。23 歲時，又見七家兵書，便開始學習兵法，探究戰守事宜，經常徹夜不眠。另外，技擊之術亦常常練習，練了一手好武功。這個時期，顏習齋深深喜愛陸九淵及王陽明學說，以爲聖人之道在「心即理」、「致良知」，曾親手摘抄《陸王要語》一冊，反覆體味陸王學說的眞意。

　　除了手抄《陸王要語》之外，顏習齋也作了〈大盒歌〉、〈小盒歌〉。以「大盒」比喻「宇宙」，「小盒」比喻「吾心」，強調「往心求之」的歷程，亦即「心即理」，「心」便是開匣之劍，便是理解孔道、體會乾坤的要義。

　　清順治 15 年（1658），顏習齋 24 歲，取名其書齋爲「思古齋」，自號「思古人」，並舉井田、封建、學校、鄉舉、里選、田賦、陣法作《王道論》，後更名《存治篇》，係以闡發個人政治理

念，為顏習齋推展實學的第一本著作。

（三）從陸王心學轉向程朱理學

清順治 17 年（1660），顏習齋 26 歲，思想又有較大變化。這時他獲得明朝胡廣等人所奉敕編撰的《性理大全》並時讀之，此書集宋代理學家思想之大成。他深深地為周敦頤、張載、程頤、程顥、朱熹等人的學說所折服，從此屹然以道自任。「農圃憂勞中必日靜坐五六次，必讀講《近思錄》、《太極圖》、《西銘》等書。」他趁空閒時間靜坐，目的是主敬存誠，但周圍的人「有笑為狂者，有鄙為愚者，有斥為妄者，有皆為迂闊、目為古板、指為好異者」，他都絲毫不介意。曾作〈柳下坐記〉，講述如何循二程之門徑尋求「孔顏樂處」。從此，顏習齋由篤信陸、王而轉向尊奉程、朱，這是顏習齋為學的第二個轉折。

當時北方學者有理學名家孫奇逢、刁包等人，他們也對顏習齋的思想產生影響。孫奇逢主持北方學術四十年，與顏習齋同籍河北，同居保定府附近，顏習齋雖然沒有能親身就教，但曾以書信方式向孫奇逢學習。顏習齋還結交大儒刁包，得其所編輯的《斯文正統》一書，時時加以刻讀。《斯文正統》編錄歷代理學諸儒之文凡二百一十有六篇，是一部理學名著。

在治學修身方面，顏習齋遵循著宋代儒學的一套方法，恪守不渝。另外，與蠡縣王法乾結為學友，兩人相約寫日記，以記錄下來自我檢查心靈的情況，並且每十日會面一次，用以論學辨道與議論時政，並互相規過勸善，惟這時兩人的修行方法還是偏重在靜坐省思，

尚未注重積極的躬親實踐。

（四）從程朱理學轉向實用之學

　　顏習齋學問的轉折歷經多次，然而最後一次轉折係發生在康熙7年（1668），顏學齋時年34歲，養祖母劉氏病逝。因感祖母養育之恩，父親又離家出走，不能歸來殯葬，他哀痛至極，三日不食，朝夕祭奠，鼻血與眼淚俱下，葬後亦朝夕哭泣，以致生了大病。鄉間朱氏一老翁看到此一情景，十分憐憫他，說：「嘻！爾哀毀，死徒死耳。汝祖母自幼不孕，安有爾父？爾父，乃異姓乞養者。」顏習齋聽後大為驚呀，並且到已經改嫁的生母處詢問，果然得到實情，因而哀慟稍減。

　　顏習齋處理養祖母的喪禮，恪守《朱子家禮》，絲毫不敢違背。連病帶餓，幾乎致死。後來，他校以古禮，竟發現《朱子家禮》削刪、不當之處甚多，也有違人的本性。「乃嘆先王之禮，盡人之性。宋人無德無位，不可作也。」從此開始，他對宋儒學說進行了全面的反省，「因悟周公之六德、六行、六藝，孔子之四教，正學也。靜坐讀書，乃程朱陸王為禪學、俗學所浸淫，非正務也。」次年，編著《存性》、《存學》兩篇，學術上已自成一個體系。思想轉變後，更體會到「思不如學，學必以習」，是故，改「思古齋」為「習齋」。此後教授弟子，也是讓學生立志學禮、樂、射、御、書、數及兵、農、錢、穀、水、火、工虞等實用之學，力戒靜坐空談之舉。

　　《存性篇》討論孟子的性善論，排斥宋儒所言「氣質不善」之說，主張氣質雖有清濁厚薄，萬有不同，但總歸於一善，至於惡，乃

是後起之引蔽習染所致，來駁斥朱熹所言氣質之性爲惡的學說。

《存學篇》主張學習乃是讀書人的要事，而讀書人所要學習的，係《大學》開宗明義所提出的「明明德、親民、止於至善」。是故顏習齋提倡六德、六行、六藝，認爲讀書乃行動中廣博求知一事，專爲一學係爲浮學，而靜坐則只是禪學。

《存性篇》、《存學篇》這兩本論著完成以後，顏習齋的學說逐漸脫離程朱理學，貶斥心性空虛之學，成就實事求是之實學。這是顏習齋爲學的第三個轉折。至此，顏習齋的學術思想已經成熟，逐漸形成一個超脫於程朱、陸王兩派理學與考據學之外的新學派。

（五）改姓歸宗，生徒日眾

康熙12年（1673），顏習齋39歲，養祖父朱九祚去逝後，回到博野縣北楊村，歸宗姓顏，名爲顏元，家產盡讓於朱九祚與側室楊氏所生之子朱晃。顏習齋歸宗後，安貧樂道，以居鄉務農行醫爲業。勞動之餘，努力教授生徒，致力學術，不取名利，困苦自守，不交權貴，終身不仕。

清康熙18年（1679），顏習齋46歲，收李塨爲大弟子，二人合創清初著名的「顏李學派」。對於新從遊者，顏習齋必先向其申明其所自定的教條：「孝父母、敬尊長、主忠信、申別義、禁邪僻、愼威儀、重詩書、敬字紙、習書、作文、習六藝、序出入、尚和睦、責責善、戒曠學」。特別是對六藝，尤爲強調。每逢一、六日課數，三、八日習禮，四、九日歌詩、習樂，五、十日習射。從顏習齋所提倡之學習內容來看，六藝之學與兵農錢穀之學皆不偏廢，可見顏習齋

並不認為農工之技藝為低賤之學，而反視其為實行實用之學。民生、經濟、禮儀之術宜皆博通，這也是顏習齋內心所嚮往的理想之學。

清康熙 18 年（1679），顏習齋 48 歲時，著《喚迷途》，又名曰《存人篇》，至此，顏習齋的《四存篇》學術思想，乃告完成。《存人篇》主張道在五倫六藝之中，而非在佛道思想。在此書中，顏習齋根據早年著作《存治篇》中所提之「靖異端」的要旨，勸人由僧道歸回人倫之道。書內有五喚，一喚尋常僧道，二喚參禪悟道，三喚番僧，四喚惑於二氏之儒，五喚鄉愚各色邪教。從此書中，我們可以看出顏習齋對於釋道思想以及民間信仰是採取批判的態度，並渴望各教徒眾皆能遵從儒家中庸之道。

（六）南北遊歷，堅定實用之學

康熙 23 年（1684），顏習齋 50 歲時，他以堅忍不拔的信念去關外尋找生父，經歷一年半，備嘗艱辛。當他在瀋陽張貼尋人啟事後，被同父異母妹顏銀孩所見。兄妹相見，面對痛哭。顏習齋在祭奠父親墳地後，親自駕車，奉先父牌位歸回博野。

從關外歸來後，顏習齋自嘆：「蒼生休感，聖道明晦，敢以天生之身，偷安自私乎！」於是在康熙 30 年（1691），顏習齋時年 57 時，告別親友，南遊中州（今河南一帶），沿途宣揚自己的《四存篇》思想。在此訪友論學之行中，他到過河北南部及河南各地，歷時八個月，行程兩千餘里，拜訪諸儒論學辨道，倡導實學，反對理學。「必破一分程朱，始入一分孔孟」的主張，就是在南遊後所提出的。

顏習齋透過此次南遊之行，愈發感受到程朱理學為害的嚴重程

度。他看到許多儒者仍以文墨爲文，以虛理爲禮，頗感到憂心忡忡。顏習齋明確表示程朱思想與孔孟思想乃截然不同，並強調「四教不立，是無道；六藝不習，是無學。」來貶斥讀書靜坐等虛靜之學。有了如此深刻的考察和體悟之後，更加深顏習齋反程朱思想，推廣實學之意志。

（七）創辦漳南書院，壯志未酬

清康熙 35 年（1696），顏習齋 62 歲時，河北肥鄉郝公函（字文燦）先生三次禮聘，請他前往主持漳南書院。顏習齋爲了把自己的學說貫徹到教育領域中，乃應聘任教。他到肥鄉後，準備好好地施展自己的抱負，親自擬定各種規章，並把書院規劃爲文事、武備、經史、藝能、理學、帖括等六齋，來落實推動實學之思想。他在爲書院習講堂書寫的對聯上，有云：「聊存孔緒勵習行，脫去鄉愿、禪宗訓詁、帖括之套；恭體天心學經濟，斡旋人才、政事、道統、氣數之機。」

顏習齋主政漳南書院期間，書院發展生機勃勃，從學者數十人。可惜數月之後，該地大雨成災，漳水氾濫，書院堂舍悉被淹沒，他只好罷教歸故里，書院也因此停辦。後來，因水患益甚，郝公屢函請，先生還是未能前往赴任。不久，郝公函來書問安，並附一契紙云：「顏習齋先生生爲漳南書院師，沒爲書院先師。文燦所贈莊一所，田五十畝。生爲習齋產，沒爲習齋遺產。」

從肥鄉返回故鄉後八年，即康熙 43 年（1704）9 月 2 日，顏習齋病故，結束傳奇且堅毅的一生。逝世前還對門人說：「天下事尚可

爲，汝等當積學待用。」死後葬於博野北楊村，門人私諡爲「文孝先生」。其弟子鍾錂的對聯頗能概括顏習齋一生的精神：「手著《四存》，繼絕學于三古；躬習六藝，開太平于千秋。」

三、教育學說

顏習齋的教育思想，以實用與力行爲基本精神，分別貫串於教育目的、教育制度、教育內容與教育方法之中，而以「習」的教育方法最具特色，茲敘述如下（伍振鷟，2008）：

（一）教育目的

教育要講求實際有用。教育目的在於培養具有全體大用的通儒人才，無論對於個人、家庭、社會、國家均要有實際的效用，而非如明末的知識分子，平時坐談心性，國家臨危時也無法一死以報君王。亦即，無法自我實現、對國家社會有用的教育是空的教育。

（二）教育制度

顏習齋所創辦的漳南書院，落實北宋蘇湖教法，特重經義及時務，將其組織分爲文事、武備、經史、藝能、理學、帖括等六齋；其中帖括齋，係開辦之初應科舉之需要，屬暫時性的，久後必裁撤。要之，書院的設置，以養成專門實用人才爲目的。

（三）教育內容

　　教育內容包括：1. 三代的六府（金、木、水、火、土、穀）、三事（正德、利用、厚生）；2. 周初的鄉三物：六德（知、仁、聖、義、忠、和）、六行（孝、友、睦、媚、任、卹）、六藝（禮、樂、射、御、書、數）；3. 孔門四科（德行、語言、政事、文學）等。顏習齋將這些內容融入平日的教學活動中，俾實現其實學實用的理想。

（四）教育方法

　　顏習齋的教育方法，以「習」的最具特色。「習」的重點有二，即習事與習動。所謂「習事」，係指從事上學習，而非從書本文字中學習；所謂「習動」，係相對於靜而言。宋儒主靜，顏習齋極為反對，認為靜使人身心都不健康。反之，要以動鍛鍊身心，不但身體健康，而且從行動中求知，所得到的是活的經驗而非死的知識，才有實用的價值。

四、對教師專業的啟示

　　綜觀顏習齋先生的事蹟與思想，有許多值得臺灣教育界學習的地方。首先，秉於「教育目的在於培養具有全體大用的通儒人才」的理念，教育行政機關應重視通識教育。須知「為學要如金字塔，要能廣大，要能高」，是故，基於廣博知識的專才教育，才能培養真正的人才。

　　師資培育機構除了應重視課程與教學以及各科教材教法之外，亦

應同等重視教育實習以及教育基礎知識。教育實習可以培養師資生做中學的習慣與能力；教育基礎知識，如教育哲學、教育史學、教育心理學、教育社會學等，可以培養師資生通識的能力，有利於未來成為具有廣博知識又有專長的專業教師。

對於學校而言，在教育內容上，顏習齋認為三代的六府和三事、周初的鄉三物、孔門四科，皆可教，皆有教育的價值。換句現代的話說，就是多元智慧的教育或者全方位的教育。傳統以來，各級學校受限於升學制度，教學仍局限於傳統學科，特別是強調學生在邏輯數學和語文（主要是讀和寫）兩方面的發展，但這並不是學生認知與技能發展的全部。

對於現代教師而言，顏習齋先生的事蹟與思想也有許多的啟示。首先，教師要肯定教師工作的神聖性，而對教育工作充滿理想性與使命感。就像顏習齋的言行與思想深受其師，特別是啟蒙師的影響，現代教師對學生的影響力亦無遠弗屆。一位教師在其教學生涯中，會影響成百上千位的學生，而這些學生又會影響到無數的人，是故，教師的工作是崇高的、是偉大的，也是他人無法替代的。

有鑑於顏習齋作學問一再轉折，最後終於成一家之言，可見教師經由學習而蛻變的歷程。世界上只要一件事是不變的，那就是「變」本身。教師必須透過專業成長一再蛻變，最後才能造就自己的實踐智慧，成為人人敬佩的優秀教師。

惟教師的學習並不一定要受限於書本。「行萬里路，勝讀萬卷書」，便是這個道理。是故，教師如有機會，應到處到國內外參觀各級學校、觀摩各級教師的教學情形。學習他人優點，以他人缺點為

戒，並且多和不同教師、不同的專業多討論，以增廣自己的見聞。

其實教師最好的學習，還是「做中學」，也就是「實踐本位的教師學習」（practice-based teacher learning）。在事上學、在事上鍛鍊，是顏習齋告訴我們的學習之道，也是現代教師除了教師進修以外，另一個絕佳的教師專業發展管道，只可惜這個管道，長期以來爲教育行政機關及師資培育機構所忽視。

在教學上，對於學生的學習，教師要把握顏習齋所主張「習」的教育方法，也就是習事與習動。在「習事」上，要鼓勵學生不要只讀書，而要做中學，這樣才能培養活的經驗，而不是死的知識。從做中學、從生活中學習，培養解決問題的能力，便是當前十二年國教新課綱中「素養導向教學」的要旨之一。

在「習動」上，要對學生實施勞動教育。勞動教育不但可以強健身體，也可以培養學生合群的習慣以及服務社會的公德心，實是一舉數得，實在值得鼓勵和倡導。否則，缺乏勞動教育又缺乏體育，長期以來，學生將成爲手無縛雞之力的書呆子，這是相當可惜的事。

最後，教師要有所爲，有所不爲。就像顏習齋因爲民族氣節而終身不仕一樣，現代教師除了在教學、研究、輔導上有所積極作爲外，對於不當行爲，例如：課後補習、體罰等傳統惡習，應有所不爲，這樣才是一位符合教師倫理的好老師。

五、對教學輔導教師的啟示

顏習齋的事蹟與思想對教學輔導教師也有許多啟發性。首先，教

學輔導教師宜認同其薪火相傳工作的神聖性，而對帶領好夥伴教師具有使命感。如果教學輔導教師能夠影響其所啟導的夥伴教師成為好老師，而這位好老師終在其教學生涯中將會影響無數的莘莘學子，可見其職責的重要性。反之，如果沒有把夥伴教師帶上來，間接受害的學生亦難以數計。

顏習齋的教育思想，以實用與力行為基本精神。就實用而言，教學輔導教師所傳承給夥伴教師的知能要以實用為主，讓夥伴教師覺得能即學即用，對於改善與提升教學效能有實際的幫助，而不能空談理論。能夠結合理論與實務的知識才是真正有用的知識。

在力行方面，教學輔導教師不但要在行動中求知，而且要鼓勵夥伴教師做中學、行中思，透過實踐與反思，不斷積累與完善自己的教學經驗，才能成為一位優秀的老師。當然，在成長為一位良師後，自然要把自己的經驗再薪傳給後繼者，讓薪火相傳成為一個善的循環，而生生不已。

最後，顏習齋安於貧賤、誨人不倦的精神也是很值得學習的。對於教學輔導教師而言，他們之所以願意傳承教學經驗，完全是基於精神上的報酬，而甚少有實質上的利益可言，所以教學輔導教師所獲得的是一種精神上的富貴，而不是物質上的富貴。這種崇高情懷，不但將讓夥伴教師發自內心的感激，而且也會讓學校同仁對其付出感到敬佩與尊重。讓我們對默默付出的教學輔導教師們致敬。

六、結語

　　堅忍不拔，是顏習齋一生的主心骨（朱義祿，2006）。家境的貧苦、繁重的勞動、母愛的缺乏、千里的尋父等一系列的厄境並沒有消磨掉他堅強的意志，卻反而鍛鍊出他堅忍不拔、勇往直前、追求理想的精神，從不斷的轉折中，開創了一代的實用之學。

　　顏習齋先生誠為實用之學的先驅，他的思想比西洋大教育家杜威早了兩百多年。他的學說，在明末清初可說是切中時弊，能夠對症下藥，甚至對於現代教育而言，亦頗為適用，值得國人們所珍視。由此可見，中國歷代的思想家和教育家還是很有探究的價值，有心的教育學者和實務人員將可從中挖到不少瑰寶。

10

蔡元培　學貫中西、兼容並包

一、前言

　　蔡元培（1868-1940）先生是一位中國近代教育史上令人高山仰止的教育家，他不僅是現代北大之父，而且也是我國首位的教育部長和中央研究院院長，他的道德和人格更是每一位國人，特別是教師們的楷模。是故，先略述其生平事略，再說明其教育學說，最後再闡述其生平事蹟與學說對教師專業與教學輔導教師的啟示。

二、生平簡述

　　依據周天度（1984）、陶英惠（1999）、田戰省（2011）的記載，蔡元培先生的生平可以簡述如下：

（一）科舉出身，獻身革命

　　蔡元培係浙江省紹興府山陰縣人，父親蔡光普當過錢莊經理，家道小康，為人清廉慷慨，然不幸在蔡元培11歲時去世。親友們見其孤兒寡母家計困難，欲集資救濟，然蔡母寧願典當衣物，克勤克儉，也不願接受親友濟助，究其原因係一方面要減輕親友負擔，另方面更在意培養兒女們自立自強的精神與生活能力。是故蔡元培先生嘗謂：其寬厚待人的性格來自父親，而不拿人東西和不隨便講人壞話的美德係來自兒時母親的教誨。

　　蔡元培自幼聰穎好學，6歲時受私塾教育，17歲中秀才，22歲中舉人，25歲中進士。考取進士後，又經朝考於1894年進入翰林院

（相當於皇帝的祕書班底）成為翰林院編修，官場前途一片光明，將來有機會成為清朝的大員。但1894年中日甲午戰爭以及1898年維新變法失敗，讓憂國憂民的蔡元培對腐敗的滿清政府澈底的絕望，因此開始走向以革命救亡圖存之路。1904年蔡元培在上海正式組建「光復會」，於1905年「中國同盟會」成立時，將光復會併入同盟會，並受國父孫中山先生之託，擔任上海分會的負責人，成為名符其實的「革命翰林公」。

（二）以教育作為革命救國之道

　　有鑑於維新變法失敗的癥結在於缺乏革新的人才，蔡元培便以培養人才作為獻身革命之道。先是在1898年回到故鄉擔任紹興中西學堂的校長，復又於1901年到上海擔任南洋公學（今交通大學預科前身，相當於中學）特班的總教習，培養了邵力子、黃炎培、李叔同等諸多西學人才。在正式課程之外，他規定學生在政治、法律、外交、財政、教育、倫理等科目中，需自選一至兩門，自行閱讀相關書籍並做好筆記，然後由他親自一一批改。除此之外，每晚約兩至三位學生或談心或交流心得，關愛學生的生活與發展溢於言表。

　　1902年4月15日，蔡元培與葉瀚、蔣觀雲等人發起成立「中國教育會」並被選為首任會長。同年，有鑑於女子苦無受教育的機會，乃在中國教育會的支持下，創辦「愛國女學」，復因同情不滿南洋公學管教方式而集體退學的學生，乃毅然與學生共進退，辭去南洋公學教職，並為學生籌設「愛國學社」。籌設過程中，長子不幸因病去世，蔡元培亦無暇照顧而四處奔波籌款，他這種公而忘私的精神，世

上少有。

（三）與時俱進，兩度赴歐留學

　　蔡元培雖然翰林出身，國學學識之淵博自不在話下，但他深知西學的長處和重要性，乃在擔任翰林院編修時即開始接觸西學。在紹興中西學堂和南洋公學的任教期間，也沒有停下學習的腳步，他廣泛地閱讀了嚴復所譯《天演論》、《國富論》、《群學肄言》等著作。然而教育救國的理想更驅使了他留學歐洲，一方面要充實自己做報國的準備，另方面則以歐美先進國家的教育體制和舉措作為日後辦學的參考。

　　1907 年已屆不惑之年的蔡元培搭乘西伯利亞鐵路火車，千里迢迢到當時歐洲先進的德國柏林學德文，次年入萊比錫大學（University of Leipzig），廣泛學習哲學、心理學、教育學、人類學和藝術史等，最後則將心力集中於美學方面。學習餘暇，則從事著作工作，著有《中國倫理學史》一書，闡述從孔子到王陽明等 28 位思想家的倫理思想，係我國第一本用新體裁編著的中國倫理思想史。

　　1912 年 9 月，蔡元培在短暫的教育總長生涯後，有了第二次赴歐留學的機會。這一次原本想要到德國進修，但受同是黨國元老也是革命夥伴吳稚暉的建議，改赴法國巴黎留學。留學期間除了充實自己和考察西洋教育之外，1915 年夏，因鑑於第一次世界大戰時，法國國內勞動力嚴重不足，乃與李石曾、吳玉章等人發起了「華法教育會」和「勤工儉學會」，召募大量國內青年學子一方面勤以工作，另方面儉以求學，提供國內青年接觸新文化、新知識的機會，作為日後

改良中國舊社會的一股力量。經由勤工儉學運動培養了無數的人才，如周恩來、鄧小平、林風眠等，其影響力之深遠，實爲當初蔡元培所始料未及的。

（四）首任教育總長，創建教育體制

1911 年 12 月爲響應辛亥革命武昌起義，蔡元培從德國回到上海，次年元旦中華民國臨時政府在南京建立，國父孫中山先生被選爲臨時大總統，蔡元培被選爲第一任教育總長（即教育部長）。教育部草創之時，缺人缺經費，連辦公室也曾一度借用友人的民居。但在蔡元培的人格和聲望感召下，各方一時俊傑，如范源濂、夏曾佑、袁觀濤、魯迅、王雲五等皆願爲國服務。蔡元培爲人清廉公正，生活儉樸，能以平等態度待人。教育部自總長以下到部員，不分等級，每人月薪一律 30 元，全部開支每月不過千元。由於人少事繁，以至於蔡元培需親自到總統府領取教育部大印，而且還是乘人力車來回。

篳路藍縷，以啟山林。在蔡元培主持下，教育部很快地頒布了《普通教育暫行辦法通令》和《普通教育暫行課程之標準》、以及《大學令》和《中學令》等，採用西方教育制度，爲我國奠定了從幼兒園到小學、初中、高中及至大學研究院所的中國現代教育體制。

在教育目標上，蔡元培主張廢除忠君、尊孔、讀經，提倡著名的「五育」：公民道德教育是五育的根本，係在培養國民自由、平等、博愛精神；實利主義教育，即職業技能教育，旨在富國；軍國民教育即軍事體育教育，旨在強身；世界觀教育，即進行哲學教育，實行思想解放；美感教育，即是以音樂、美術、戲劇等形式陶冶情操，美化

人格。蔡元培的五育說，後來演變成爲德、智、體、群、美五育均衡發展之國民教育宗旨。

（五）北大辦學，思想自由兼容並包

1917 年 1 月 4 日，蔡元培接受昔日舊屬范源濂教育總長的聘請，接任北京大學的校長。接任之前，北京大學（前身爲京師大學堂）是一所封建思想和官僚習氣濃厚的學府。學生們對讀書沒有興趣，以帶聽差、打麻將、吃花酒、捧名角爲樂；教員們不學無術，吃飯混日子，教課陳陳相因，敷衍塞責。學生們常以官大的教授當導師，寄望將來只要誰能使自己有機會做官，就跟隨誰。

蔡元培到任後，銳意改革。首先糾正學生錯誤的觀念，告誡學生不要把在大學的學習作爲升官發財的階梯，而要以研究學術作爲大學生的天職。其次，廣延飽學且熱心教學的教員，如陳獨秀、胡適、梁漱溟、周作人等一批思想先進、年輕有爲的學者到校任教。再者，廢除學年制，改採選科制，一方面以因應學生學習興趣，另方面增加學生學習的彈性。同時，建立非北大學生仍能登記旁聽的制度（毛澤東即爲此制度之受惠者）。不但允許女學生旁聽課程，並且於 1920 年暑假在保守衛道人士的強力反對下，開始正式招收女生，爲我國公立大學有女學生之始。在課程方面，不但將藝術與美育納入北大教育系統，自己更親授美學和美術史，編著《美學通論》，由於講授清晰生動又善用實物教學，在春風化雨下，吸引大批學生前來聽課。

由於學貫中西的學術素養，加上身處新舊時代交替的時代背景，蔡元培的辦學理念係「兼容並包、思想自由」。他認爲大學之所以爲

大，就是因為有包容的精神，任何思想、任何學說，只要持之有故、言之成理，就可以在北大講授，而由學生自由選擇，而且也鼓勵學生成立各種思想探索的社團。是故在北大，既有精於國學的黃侃、崔適，又有闡發新學的胡適、陳獨秀；既有拖著大辮子又精通英、德、法多種語言的辜鴻銘，又有力倡共產革命思想的李大釗。一時之間，北京大學校園文化多采多姿，思想異常活躍，學術氛圍異常濃厚，而為學問而學問的精神遂蓬勃發展。

（六）主持中央研究院，致力科學研究

　　1927 年國民革命軍北伐中，南京成立國民政府，作為黨國元老的蔡元培也曾一度參與國家建設，擔任司法部長、監察院長等要職，但是政治風雲詭譎、派系鬥爭亦非先生所喜，一介書生的蔡元培還是將自己的人生重心轉回教育文化事業。1927 年曾短暫擔任我國大學院的第一任院長，1928 年創設我國最高科學研究機構 —— 中央研究院，並為首任院長（1928-1940）。

　　本於教育與學術是立國的根本，而科學研究則是一切事業的基礎，蔡元培乃將一生之最後心血用在中央研究院院務發展工作，企圖以他個人的聲望和人格感召，集中各領域的專業人才，帶領中國科學研究進入一個嶄新的時代。中央研究院最初設立了理化實業、地質、觀象台、社會科學四個研究部門，後來又增添了物理、化學、工程、天文、歷史語言等研究所，為播遷來臺後的中央研究院奠定了紮實的基礎。

　　1937 年隨著對日抗戰，蔡元培舉家遷居香港避難，過著清貧但

與書爲伴的日子。不幸在擔任中央研究院院長十二年後的 1940 年 3 月 5 日，蔡元培病逝於香港養和醫院，享年 72 歲。蔡元培一生清廉耿介，生前無一間屋、無一吋土，死後且欠下醫療費用千餘元，就連入殮的衣衾棺木，也是由王雲五代籌的。由於香港地狹人稠，蔡元培只能埋葬於萬墳如海的華人永遠墳場。然蔡元培身後雖然十分蕭條，卻舉國爲之哀悼，國民政府專門頒布了對他的褒獎令，毛澤東在唁電中尊稱他爲「學界泰斗，人世楷模」，恰恰表達了蔡元培先生一生卓越的成就和高尙的人格。

三、教育學說

蔡元培的教育思想，包括五育並舉教育方針、改革北京大學，實踐大學教育思想，以及教育獨立思想等，茲敘述如下（孫培青，2000）：

（一）五育並舉教育方針

爲養成國民健全之人格，蔡元培提出公民道德教育、實利主義教育、軍國民教育、世界觀教育和美感教育「五育」並舉的教育思想，成爲制定民國元年教育方針的理論基礎。

（二）改革北京大學，實踐大學教育思想

1. 抱定宗旨、改變校風：大學應是「研究高尙學問之地」，而不是混資歷、謀官位之處。

2. 貫徹「思想自由，兼容並包」的辦學原則：大學的宗旨是研究高深學問，但它不是研究某一家、某一派的學問，更不是研究被某些人指定的學問。

3. 教授治校，民主管理：大學設立評議會，實施民主管理；各科設立教授會，由教授分管各學門的的教務，規劃本學門的教學工作。

4. 學科與教學體制改革：包括：(1) 擴充文理，改變「輕學而重術」的思想；(2) 溝通文理，廢科設系；(3) 改年級制為選科制（學分制）。

（三）教育獨立思想

1. 教育經費獨立：政府指定固定的款項，專作教育經費，不能移作他用。

2. 教育行政獨立：設立專管教育的行政機構，不附設於政府部門，由懂教育的專業人士主持。

3. 教育學術和內容獨立：教育方針應保持穩定，不受政治的干擾。能自由編輯、出版、選用教科書。

4. 教育脫離宗教而獨立，不受宗教的干擾。

四、對教師專業的啟示

綜觀蔡元培一生，有許多值得臺灣教育界，特別是老師們學習的地方。首先，蔡元培不但是位「經師」且是位「人師」。要成為人師，便要具有前臺灣省立師範大學校長劉真先生所說的四個特質：具

慈母般的愛心、園丁般的耐心、教士般的熱忱、聖哲般的懷抱，而這四個特質在蔡元培先生身上展露無餘。

其次，蔡元培有憂國憂民、教育報國的崇高理想。就是因為這股源源不絕的力量，讓蔡元培終身奮戰不懈，鞠躬盡瘁，死而後已。例如：為了籌設愛國學社，想庇護遭南洋公學集體退學的學子們，連自己長子的生前照顧與身後處理都無暇兼顧，而自己也死於念念難忘的中央研究院院長任內。這種無私無我、公而忘私的大公精神，當永垂不朽。

此外，蔡元培的人格操守更是令人萬分景仰的。他一生清貧，沒有一套屬於自己的房子，每到一地，都是租屋。70歲生日時，朋友和學生們想要集資贈給他一間房子，也被他拒絕了。他這種兩袖清風傲秋霜的風範，令人肅然起敬。

同時，蔡元培與時俱進的學習精神更是值得老師們效法的。蔡元培不僅出身翰林，國學成就卓然有成，但是他能體察國情的發展和需要，毅然決然從事西學的進修和研究。即使年過40，仍出國留學。留德期間，只要時間不衝突，就全心全力廣泛聽課，是以在教育學、哲學、人類學、心理學都有精通，特別是在美學方面有卓越的成就，為我國美感教育的開拓，立下難以磨滅的事蹟。

蔡元培的五育並舉說，啟導我們身為人師者要做到使學生在德、智、體、群、美五育均衡發展。作為老師不能只強調學生智育的發展，甚至只是為了升學考試而教學，做了升學主義的推波助瀾者。如何培養學生高尚的道德，才是教育的核心工作，此外健全的體魄、審美的素養、與人合作的態度和能力，也是教育的核心素養，有賴老師

們細心耐心愛心的教導，而這種五育均衡發展的全人教育理想，才是符合孔子有教無類、因材施教的理想。

蔡元培在民主與科學的實踐也是值得學習的。在民主方面，他強調教授治校的理念，在北大不是由校長獨裁作主，而是由教授代表所組成的學校評議會作為最高立法與管理機構。在五四運動時，為對抗腐敗專制的北洋政府，他亦鼓勵學生民主愛國運動。在科學方面，他除一生致力於國家科學研究的發展之外，在治學以及處理教育行政方面，也是務求以科學方法研究一切問題，考察事物的究竟，養成科學的頭腦。是以，老師們若能以民主的方式來管教學生，以科學的態度來處理行政和治學，當能有較高的教育成效。

蔡元培「兼容並包、思想自由」的辦學理念，也是很值得教育界學習的。這種有容乃大、尊重學術自由的精神，固然是由於他的襟懷和識見，但也是先進國家高等教育的通例。是故，作為一位好老師不但要有包容各式各樣學生的襟懷，而且也要鼓勵學生自由的發展，激勵學生在學問上的追求，激發學生源源不絕的創造力，切毋抱殘守缺，甚至禁錮學生在各種智能的發展。

最後，蔡元培在鼓吹女權以及勞動教育的提倡也是具有時代意義的。中國向來有男尊女卑的成見，而他能在南洋公學任教時提倡女權，又能創辦愛國女學，以及在北大時能打破傳統，男女兼收，是相當具有遠見和道德勇氣的，對於我國男女平權以及教育機會均等的實踐，也是具時代開創性的。其次，中國亦有「勞心者治人，勞力者治於人」的傳統觀念，而蔡元培在 1918 年首倡「勞工神聖」的口號，又於第二次赴歐留學期間，大力推動留法勤工儉學運動，不但造就了

許多人才，對於打破勞心、勞力的成見，以及緩和這兩種階級的矛盾，亦有其歷史上的意義和價值。

五、對教學輔導教師的啟示

蔡元培先生所具有的「慈母般的愛心、園丁般的耐心、教士般的熱忱、聖哲般的懷抱」之四個特質，不但適合一般教師，而且也適用於教學輔導教師。教學輔導教師如能像慈母般照顧夥伴教師，夥伴教師定能感受到滿滿的愛；另外，夥伴教師的成長常不是一蹴可幾的，需要教學輔導教師的耐心支持與協助；當然教學輔導教師如具有教士般的熱忱和聖哲般的懷抱，自可發揮無遠弗屆的道德感召力量。

教學輔導教師亦可學習蔡元培先生與時俱進的精神，須知學為「師傅教師」和學為人師一樣，都是一個長期且專業的歷程，除了要有教學輔導理論方面的學習之外，更重要的是「做中學、行中思」，不斷在實際輔導經驗中累積自己的教學輔導素養。

民主與科學的實踐，也是教學輔導教師可以學習的。因為教學輔導歷程本就是民主、平等與專業的對話，也就是說，教學輔導教師以民主的態度，以平等的地位，不斷地和夥伴教師進行專業對話，才是夥伴教師最能接受的輔導歷程。其次，為了達成教學輔導目標，教學輔導教師宜善用科學的輔導策略，如行動研究、教學觀察與回饋、個案討論等，增進輔導效果。

科學的態度與方法也是非常適用於研究教師的。臺北市政府教育局從 107 學年度開始於教學輔導教師制度的既有基礎下，增設「研究

教師」（research teacher）的建置。爲發揮研究教師的功能，研究教師宜針對現場教育議題進行研究，藉由長期教室觀察、教師輔導、共同研討、調查訪談、教學輔導等過程，利用科學方法蒐集資料並評估教育的各個面向，包括課程發展、教學創新、教育實驗、學生學習、教師培訓和課堂動態等，最後向校方或教育行政機關提出建議與發展。

「兼容並包、思想自由」的辦學精神也是教學輔導教師可以學習的。在實務教學裡，並沒有能放諸四海而皆準的教學方式，是故教學輔導教師宜尊重夥伴教師既有的教學風格與方式，而只是在輔導過程中協助夥伴教師加以調整修正或不斷擴充之，以適應千變萬化的教學情境。

六、結語

雖然時代的巨輪已經走向了 21 世紀，但是蔡元培在兩世紀前所做的奉獻和努力，還是令人緬懷不已。哲人已逝，但其所留下的無形遺產與教育典範，卻仍繼續造福我們這一代以及下一代。願蔡元培先生憂國憂民、富國富民的理想，能在華人世界早日實現。

11

張伯苓　南開興學、私校典範

一、前言

張伯苓先生（1876-1951），係我國近現代史上著名的教育家。張伯苓早年便棄軍從教，立志教育救國，是南開教育體系的奠基人，五十多年的嘔心瀝血，先後創辦了南開中學、南開大學、南開女中、南開小學和重慶南開中學，為中國近現代教育事業的發展，作出了難以磨滅的貢獻，被後人尊稱為「南開之父」。是故，先略述其生平事略，再說明其教育學說，最後再闡述其生平事蹟與學說對教師專業與教學輔導教師的啟示。

二、生平簡述

依據郭齊家與施克燦（1997）、孫彥民（1998）、侯杰與秦方（2004）、鄭貞銘與丁士軒（2019）、維基百科（2022）的論述，張伯苓先生的生平可以簡述如下：

（一）出生天津百年家族，從軍報國

張伯苓，原名壽春，字伯苓，後以字行。生於清光緒 2 年（1876）河北省天津市，祖籍山東，清初移居天津，家道富庶，人口繁衍，成為天津一個百年家族。父親久庵公，酷愛音樂，不事生產，以致家道中落，惟對於子女的教育十分重視，希望子女個個能學有專精，重振家聲。

張伯苓 6 歲進入私塾接受中華文化傳統教育，每日放學回家，張

久庵再教導講解，言傳身教，督促甚嚴，爲張伯苓的文學與儒學素養奠定良好基礎。清光緒 17 年（1891），時年 15 歲的張伯苓，以優異的成績考入北洋水師學堂，入航海科就讀。水師學堂不僅全部公費，而且每月尚有零用金，先生因家計不豐，仍全數留作家用。當時該校由嚴復、伍光建等留英學生所主持，常介紹西方思想及社會情形，先生深受啟迪。由於先生天資聰穎再加上好學不倦，故在校學習中，每次考試必然名列前茅。光緒 21 年（1895），先生以第一名的成績從北洋水師學堂畢業，開始從軍報國的日子。

（二）目睹世艱，棄戎從教

1895 年是中國的恥辱年，凡有識之士皆難忘這一段恥辱的日子。光緒 20 年（189）7 月，中日甲午戰爭爆發，不數月，北洋海軍幾乎全軍覆沒，甚至未留一艦供水師學堂的畢業生實習。張伯苓雖然畢業了，但也只好回家等候派遣，次年被派到通濟艦服役。此次戰役，使張伯苓「武力救國」的信念，受到很大的衝擊。

光緒 24 年（1898）7 月，年輕的張伯苓隨所服役的通濟艦，前往威海衛參加了一個喪權辱國的領土交接典禮，先是降下日本的太陽旗，掛起清朝的龍旗，從日軍手中收回了失地。然後次日，清政府再降下龍旗，升起米字旗，將領土依《中英訂租威海衛專約》，拱手讓給英國人。伯苓先生身臨其境，親眼目睹「兩日三易國旗」的現象，痛心疾首；認爲甲午戰爭之失敗，不平等條約之締結，中國被列強瓜分形勢的造成，無一不是由於滿清政府的腐敗，國家教育的失敗，肇至國勢之阽危。

從威海衛歸來之後，張伯苓憤然退役。經過新的思索，得出這樣的結論：「要在現代世界中求生存，必須要有強健的國民。欲培養健全的國民，必須創辦新式的學校，造就一代新人，我乃決定獻身於教育救國事業。」於是，張伯苓回到天津，開始了他傳奇而曲折的人生。

（三）從私塾先生到南開中學校長

　　幸運的是，當伯苓先生決心從事教育救國工作的時候，便遇到生命中的貴人——嚴修（1860-1929）先生。嚴修，號範孫，清朝翰林，天津近代著名教育家，他一接觸張伯苓，就十分欣賞這位青年才俊，當即禮聘到家館授課，並在後來的辦學中給予張伯苓全力的支持，被尊稱為「南開校父」。

　　光緒 24 年（1898），張伯苓到嚴館授課，教的是英文和數學。光緒 27 年（1901）邑紳王奎章也聘請張伯苓教其子侄，於是，他上午教嚴館，下午教王館。課程也增加了新內容，除了英語之外，數學由幾何、代數、三角教到立體幾何；物理則由力學、光學教到電磁學。

　　嚴、王兩館開始了張伯苓的教育生涯，但是這種小規模、沒組織的家塾教育，自然難以滿足張伯苓教育救國的雄心壯志。所以到了光緒 30 年（1904）2 月，在清廷廢科舉、倡辦新式教育的政策中，張伯苓和嚴修以及張建塘兩位先生一起到日本考察新式教育，是年 8 月返國後，即在嚴宅偏院創辦一所私立中學，名為「私立第一中學堂」，不久改稱「私立敬業中學堂」，是為南開中學的前身。

私立第一中學堂在張伯苓擔任校長下，不久即因為辦學績效卓著，揚名津埠，投考者日眾，不得不覓地另建校舍。光緒32年（1906）天津士紳鄭菊如將十餘畝土地捐給私立中學堂。光緒34年（1908）新校舍落成，即遷入上課。因該地名為南開窪，故改校名為「南開中學」。為辦好新式學校，是年張伯苓赴美考察教育，次年返國。

（四）南開大學的締造者

自南開中學新校舍落成後，學校發展更為迅猛，但張伯苓並不以此為滿足。他認為中學為培養建國幹部之場所，但若欲提高學術水準，迎頭趕上歐美等先進國家，則非辦高等教育不可。這種信念隨著南開中學的辦學成功，與日俱增。

民國6年（1917）先生獲上海聖約翰大學授名譽文學博士學位。同年先生以41歲高齡赴美國哥倫比亞大學師範學院研修教育。當時很多人勸他：「你已功成名就，幹嘛去和那些洋孩子同堂讀書！」但先生不以為意，他為了中國高等教育的發展，毅然決然赴美學習，並考察了美國許多私立大學的組織和實施狀況，實驗主義思想大師杜威（John Dewey, 1859-1952），那時便是他的老師之一。

1918年12月，歸國後的張伯苓開始積極籌募經費，獲得徐世昌、黎元洪等政界要員以及天津士紳的支助，籌劃創辦南開大學。1919年春，在南開中學南端空地建大學教室，當年秋落成。張伯苓禮聘留美多年的凌冰博士為大學部主任，除開設文科外，還設理科和商科，招收了周恩來、馬駿等96名優秀學生，又陸續聘請了姜立

夫、邱宗岳、竺可楨、蔣廷黻、范文瀾、湯用彤等一批著名學者，奠定了南開大學的堅實基礎。

（五）建構南開教育體系

張伯苓素來關心女子的教育，早在南開大學成立的第二年，就開始實施男女同校就讀，但當時並沒有多少女生報考大學接受高等教育，主因和女子中等教育不發達有直接的關係，形成女子初等教育和高等教育之間有了斷層現象。有鑑及此，張伯苓在推動南開中學和南開大學的穩步發展的同時，又開始為興辦南開女子中學而奔波忙碌起來。

1923 年，南開女中成立。同年，南開大學也由男中校址遷到八里台。1928 年，張伯苓提出以「土貨化」（知中國、服務中國的本土化理念）為南開日後發展的根本方針。同年，南開小學成立，並改大學部文、理、商三科為文、理、商三學院，包括政治、數學、財政等十二個學系。1931 年成立經濟研究所，1932 年成立化學研究所；於是南開學校成為一個有學生三千多人，自小學至研究所的完整教育體系。學校規模齊全，校舍綿延一里。大學部自校門起，筆直的大道兩旁，綠樹成蔭，紅樓相望，屋舍儼然，弦歌不綴，蔚然成為一片文化園區，更是眾多莘莘學子渴望就讀的名校。

（六）中國不亡，有我

張伯苓素來關心國事，對日本的侵華野心，口誅筆伐。1931 年九一八事變爆發。9 月 20 日，張伯苓表明抗擊日本侵略的堅定態度。

1933 年山海關失陷。張伯苓親筆致函抗日前線將士，鼓勵他們「努力殺敵，為國爭光」。此外，或明或暗地支持學生愛國行動，成為日本人的眼中釘。

　　1937 年盧溝橋事變起，平津淪陷，南開成為第一所被轟炸的學校。持續一天的轟炸，37 棟教學樓、圖書館及學生宿舍成了一片瓦礫，另有中西文圖書十萬餘冊及大批珍貴儀器設備毀於炮火。時先生在南京開會，聞訊悲憤異常，不僅因三十餘年心血毀於一旦，且恨日本軍閥破壞教育文化事業之殘暴不仁。先生說：「敵人能摧毀的只是南開的物質，南開的精神是摧毀不了的」；「我深信中華民族是不會滅亡的。南開學校是為復興中國而產生的，其被炸、被燒，因意料中事耳。只要中華民族存在，南開也必存在！我們努力吧！」當時的國民政府軍事委員會委員長蔣中正先生亦公開宣稱：「南開為中國而犧牲，有中國就有南開。」

　　抗戰期間，南開大學與北大、清華共組為西南聯合大學，成為抗戰期間最好的學校。校務由梅貽琦、蔣夢麟、張伯苓三位校長合組校務委員會，共同負責。但事實上，蔣、張兩位先生甚少到校，校務多半由梅貽琦主持，張伯苓則將全部精力用在發展民國 25 年即設立的重慶南開中學（該校能在抗戰前，在大後方成立，可見張伯苓的遠見），民國 28 年復校的經濟研究所，以及擔任國民參政會主席的工作上。

（七）無心為官，難卻黨國重託

　　張伯苓熱愛教育事業，不願做官。1926 年，南開中學董事長顏

惠慶在北京組織內閣，邀請張伯苓擔任教育總長，但遭到婉言謝絕。同年，奉軍入關，張學良邀請張伯苓出任天津市長，他也謝絕了。當時輿論界有人評論他說：「張伯苓終身辦教育，不作官。不是革命家，而是一位事業家。」

抗戰時期，蔣中正深知張伯苓在教育界的威望以及在北方青年的影響力，再加上行政上卓越的幹才，對於張伯苓極為賞識；張伯苓也希望藉由蔣中正的支持，而有利於南開大學的發展。1938年，他出任國民參政會副議長，不久又加入國民黨，以後又多次連任國民參政會主席團主席。1945年當選國民黨中央監察委員。

抗戰勝利後，張伯苓滿懷希望，立即籌備天津南開學校系統的復校工作。在他的不懈努力下，南開教育體系很快地以嶄新的面貌，出現在天津。南開大學在中央支持下，改為國立，張伯苓仍任校長。10月17日南開校慶日舉行開學典禮。那天伯苓先生興奮異常，對全校師生及在天津的校友誓言：「南開還要長，還要更長。我要繼續為南開再努力幹十五年。」可惜這個誓言，終究難以實現。

張伯苓期待在南開的教育崗位上終身奉獻，但在政治上，他仍把希望寄託於國民黨政府和蔣中正先生。1947年，先生當選為天津市行憲國大代表，並選舉蔣中正為行憲後第一任總統。1948年6月接受蔣中正的敦促，初掌行憲後第一任考試院院長。由於放心不下南開大學，先生仍欲兼任南開大學的校長，但因受限於國立大學校長不能同時兼職之規定，乃由何廉擔任南開大學校長一職。

（八）生命的最後日子

1949 年大陸淪陷前夕，由於張伯苓具有很高的社會威望，國共雙方均在爭取張伯苓。周恩來透過在香港的南開校友王恩東輾轉捎信給張伯苓，並在信中以在南開就讀時的筆名飛飛寫道：「老同學飛飛希望老校長不要動」，請其不要離開中國大陸。蔣中正曾兩次親訪張伯苓，希望張伯苓能隨他去臺灣，張伯苓未予答應，只是要求辭去考試院院長職務。以後，蔣經國、張群又來過第三次勸行，他仍以不願離開南開為詞婉拒。

張伯苓拒絕蔣中正的赴臺邀請而留在中國大陸後，在政治上開始遭到冷待遇。由於受到周恩來的庇護，張伯苓未像其他舊軍政要員一樣受到清算和審判。1950 年暑期，張伯苓希望回天津到南開大學暫住一段時間，特意徵求中共南開大學黨支部意見，但未得到任何答覆。同年 10 月，南開學校校慶來臨之際，張伯苓前去參加有關慶祝活動，但南開中學當局不允許他進入校園，而南開大學也只安排他在相關活動中坐在一般席位，未給予其禮遇。

1951 年 2 月 14 日，農曆正月初九晚上，張伯苓突患腦栓塞，延至 23 日，一代教育家與世長辭，享年 75 歲。逝世前，張伯苓曾有「願故後埋葬在南開大學校園內」的遺願，但因政治問題，並不得遂其願。一直到 1989 年 10 月 16 日，在中國大陸官方對張伯苓重新給予極高的評價後，張伯苓及夫人的骨灰乃得以遷至南開大學中心花園，安放於張伯苓銅像的下方。歷史總算還給張伯苓應有的地位。

三、教育學說

　　依據孫彥民（1998）、葛湘群（2007）、楊景玉（2007）的論述，張伯苓先生的教育思想可以從下列四方面簡要說明之：

（一）教育目標

　　張伯苓的辦學目的是為了「痛矯時弊，育才救國」。他認為當時中國的時弊有五，即「愚」、「弱」、「貧」、「散」、「私」，其中以私為最大病根。是故南開的校訓訂為「允公允能，日新月異」，以「公」、「能」兩字為依歸，目的在培養學生愛國、愛群之公德，以及服務社會之能力。為培養學生成為「公」、「能」兼具的時代青年，張伯苓重視下列五項訓練：

1. 重視體育：南開自創校以來，即以重視體育而聞名遐邇，以期學生個個皆有強健的身體，以及充沛的精神。除了體育教育之外，張伯苓曾將奧林匹克運動引進中國，乃有「中國奧運先驅」之美譽。

2. 提倡科學：先生辦學之初即竭力提倡科學，其目的在開啟民智，破除迷信，藉以引起國人對於研究科學之興趣，促進物質文明之發達。

3. 團體組織：重視學生課外組織，團體活動，以培養學生群性及做事的能力。

4. 道德訓練：德育為德、智、體三育之首，在三育並進中，尤要重視學生道德能力的培養。

5. 培養救國力量：有愛國之心，兼有救國之力，然後始可實現救國之

宏願。

（二）教育原則

1. 文武合一：重視軍訓課程，以軍訓培養學生成爲允文允武的青年。
2. 自然與人文兼顧：雖然強調提倡科學，但對於人文與社會科學並未偏廢。
3. 個人發展與團體相聯：一方面重視學生的個人發展，另方面強調學生對國家社會的責任。
4. 重視社會教育：社會教育可以改進社會，建設社會，可以和學校教育相輔相成。
5. 重視實業教育：救中國之貧，須振興實業；而欲振興實業，須造就人才。
6. 教育萬能：教育事業是神聖的，教育的影響力是無遠弗屆的。

（三）教育方法

1. 活的教育：做中學，並將所學應用到社會上去做印證。
2. 長的教育：教育方法不是注入式、填鴨式的，而是讓學生自動自發，使學生各自伸展的。
3. 身體力行：教師要身教重於言教，作爲學生學習楷模。
4. 貫徹始終：鼓勵學生堅持到底，自強不息。

（四）大學管理思想

1. 倡導關愛，實踐南開大家庭的氛圍：提高教師待遇，關心教職工的

日常生活，關愛學生。

2. 以人為本，促進師生發展：提供優良的學術生活環境，鼓勵教師進行學術研究；提供學生優良學習環境，注重學生德智體群美的全面發展。

3. 民主治校的管理體制：成立師生校務研究會和大學評議會，師生參與學校管理；吸收並鼓勵校外人士參與學校管理。

四、對教師專業的啟示

綜觀張伯苓先生的事蹟與思想，有許多值得教育界學習的地方。首先，張伯苓，從 1898 年擔任嚴館的教師起，直至 1948 年卸任南開大學校長止，奉獻教育五十餘載，五十餘年來，誠如「臺灣科技首富」郭台銘的名言：「為錢做事，容易累；為理想做事，能夠耐風寒；為興趣做事，則永不倦怠」，張伯苓是為了教育救國的理想而做事的，是故能歷經風霜雪雨的考驗，以堅苦卓絕的毅力和精神，創設了南開教育體系，培養了成千上萬有志救國的仁人志士。今天中國之所以能夠屹立於全世界，成為現代化的強國，絕對有張伯苓的貢獻成分所在。

其次，要能成就一個教育事業，還是要有貴人相助，而中國近代教育家嚴修便是張伯苓的最大貴人。可以說，無嚴修，便無張伯苓；有了嚴修的賞識和全心全力的支持，才有了今日的南開。誠如韓愈在《馬說》中所說的：「世有伯樂，然後有千里馬；千里馬常有，而伯樂不常有。」

要成就一個教育事業，除了個人長期艱辛的努力之外，還是要有社會大眾的支持。張伯苓之所以能在短短二十年就建設完成從小學到研究所的南開教育體系，還是有賴社會各界的支持，才能完成的。這其中，有天津士紳鄭菊如將十餘畝土地捐給南開，有天津仕紳的出錢出力，有北洋政府和國民政府的財務支持，當然要獲得社會各界的支持，還是有賴張伯苓的人格魅力以及超級的募款能力。

「南開南開，越難越開！」從南開教育體系在對日抗戰中被日本軍閥所破壞、所摧毀，卻能在極短的時間在昆明、在重慶復校，乃至於抗戰勝利後建設成為一流的學府，可見一個教育人在逆境中自強不息和奮鬥不懈，確實可以使一所學校浴火重生，發揮教育的無限潛能。

對於現代教師而言，張伯苓的思想與事蹟也有許多的啟示。首先，良師可以興國，良師更是教育成功的保證。這一點，張伯苓是看得很清楚的，所以他在辦理南開大學時，便陸續禮聘了竺可楨、蔣廷黻、范文瀾等大師級學者，並提供優良的學術生活環境。誠如梅貽琦所言：「所謂大學者，非謂大樓之謂也，有大師之謂也。」

要成為一位良師，首先要有教育的熱情，學習張伯苓以「教育救國」為職志的理想。有了教育熱情，才能如孔子般「學不厭，教不倦」；有了教育的理想和興趣，才能夠耐風寒、永不倦怠。

一位良師對學生充滿「教育愛」，就像張伯苓如父親般的關愛每一位學生。他每日五時起床，到飯廳巡視讀書的學生，頷首微笑；在南開剛成立時，每隔兩、三週必邀學生到家吃飯，由夫人親自下廚，其樂融融，如家人父子一般。後來，學校規模日大，無法常常邀請學

生來家吃飯，但每節下課後到校園巡視，碰到學生就親切的問其學習和生活情形；這樣，既可了解學生情形，也增加了師生之間的感情，其目的在營造一個以人為本的大家庭氛圍。

「學為良師，行為世範」。教師除了要有教育愛，還是要注意身教重於言教，給學生做一個好榜樣。例如：張伯苓本有抽菸的習慣。有一次他發現學生吸菸，面加申斥。該生則指著先生桌上的菸袋，而不承認抽菸的壞處。先生自我反省：「自己做不到的事，怎可要求學生？」乃將菸袋折斷，從此不再吸菸。

樹立了好榜樣之後，良師會實施活的教育，而不是死的教育。活教育強調「教活書，活教書，教書活。讀活書，活讀書，讀書活。」死的教育則是「教死書，死教書，教書死。讀死書，死讀書，讀書死。」唯有活教育才能發揮教育萬能的功用。

活教育的目的係培養五育均衡發展的健全國民。就像張伯苓的教育目標不但重視科學，而且也重視體育，更以道德訓練為教育的主軸，培養學生成為「允公允能，日新月異」的好公民。在當時國家教育極度落後的中國，張伯苓能夠實踐德、智、體三育並重，以德育為首之理念，可以說是走在時代之先的。

活教育的課程論係：「大自然，大社會，都是活教材。」是故，張伯苓不僅充實設備，增加課外活動項目，使學生從實際工作中學習，而且鼓勵學生到社會上去，把在社會上所發掘的問題，帶到課堂討論；把課堂所學的知識，與實際的社會情形加以印證。誠如南京大學哲學系教授胡福明所言：「實踐是檢驗真理的唯一標準」。

活教育的教學論係：「做中學，做中教，做中求進步。」是

故，張伯苓鼓勵學生從實踐中學習，不斷的追求進步，不斷的長而再長，這樣的理念實呼應了其師杜威「教育即生長」（education as growth）的教育學說。

最後，要求學生求進步，求生長，教師自己也要求進步，求生長。所以「活到老、學到老」的終身學習實在有其必要性。就像張伯苓到了 41 歲的時候，不顧他人的嘲諷，還是毅然決然赴美國哥倫比亞大學師範學院研修教育，並考察了美國許多私立大學的組織和實施狀況，這樣才能為了他的辦學開拓更大的視野。

五、對教學輔導教師的啟示

張伯苓的事蹟與思想對教學輔導教師也有許多啟示。首先，從張伯苓與嚴修的關係，可以印證貴人相助的重要性，而教學輔導教師正是夥伴教師教學生涯中的貴人，可以發揮貴人啟導的作用，而這種前輩帶後進、以人感動人的作為是值得在教育界加以發揚光大的。

作為夥伴教師生命中的貴人，首先要帶給夥伴教師愛與關懷。陪伴夥伴教師、支持夥伴教師，能設身處地為夥伴教師著想，讓夥伴教師感受到類似於家的氛圍，這樣便能使夥伴教師在安全舒適的環境中學習與成長，而這種學習是最自然有效、最溫馨感人的。

其次，教師輔導教師要作為夥伴教師的學習楷模。在一般教師學習的過程中，除了閱讀教育書籍之外，另一個很好的途徑便是實地的見習，也就是觀摩學習。是故，教學輔導教師要常對夥伴教師做示範教學，並在示範後作詳細的討論與講解，這樣才能幫助夥伴教師有所

開竅，充分掌握某一教學策略的意義與作法。之後，要經常對夥伴教師的教學施以教學觀察與回饋，讓夥伴教師的所學能實際運用於日常的教學活動之中。

最後，教學輔導教師除了要精進既有的教學策略之外，亦要了解教學的趨勢，作不斷的創新，這樣才能「允公允能，日新月異」。同樣的，教學輔導教師除了傳承既有的教學經驗之外，亦可帶領著夥伴教師往更好、更卓越的教學方法去發展、去開創，這樣便能和夥伴教師手攜手同心走向專業，而教師專業正是教學輔導教師與夥伴教師的共同目標與理想。

六、結語

著名文學家老舍和戲劇家曹禺曾經合寫過一首詩，詩中有云：「知道有中國的，便知道有個南開。這不是吹，也不是嗙，真的，天下誰不知，南開有個張校長？！」張伯苓能在中國最貧窮、最落後之際，心懷教育救國之志，是可敬的；能夠以理想結合社會大眾的力量，建成一個從小學到研究所的一流教育體系，是可佩的。歷史的洪流雖然不斷往前奔流，但是張伯苓確實在教育史上寫下濃墨重彩的一筆。其是非功過，更是經得起歷史的嚴峻考驗。

12

黃炎培 中國職業教育先驅

一、前言

黃炎培先生（1878-1965），係中國近現代職業教育的創始人和理論家，他以畢生的精力奉獻於中國的職業教育事業，爲改革脫離社會生活和生產的傳統教育，作出重大的貢獻。是故，先略述其生平事略，再說明其教育學說，最後再闡述其生平事蹟與學說對教師專業與教學輔導教師的啟示。

二、生平簡述

依據郭齊家與施克燦（1997）、許紀霖與倪華強（1999）、孫培青（2000）、百度百科（2022）、維基百科（2022）的論述，黃炎培先生的生平可以簡述如下：

（一）出生孤苦，力學有成

黃炎培，號楚南，字任之，筆名抱一。清光緒4年（1878）出生於江蘇省川沙縣（今上海市浦東新區）。黃炎培生在一個既無田地又無房產的塾師家庭。家道中落，13歲失母，17歲喪父，成爲失怙失恃的孤兒，但也就是由於艱苦的童年，培養了奮發向上的性格。其父黃叔才，係本地庠生，先在鄉設塾授徒，後到吳大澂（曾做廣東、湖南巡撫，東河道總督）幕府當祕書，清光緒20年（1894）病故。其母孟樾清，南匯地主孟蔭餘之女，清光緒17年（1891）病故。

由於父親長期在外，童年的黃炎培只能和母親相依爲命，並且在

生活與教育上倚重母家，由祖父孟蔭餘擔負起對黃炎培的監護責任。由於母家的照顧甚多，及至晚年，黃炎培回憶往事時，反對稱母親的父母爲外祖父母，認爲這個「外」字是封建社會男女不平等的體現。

　　黃炎培 6 歲時，開始跟母親學習識字、寫信。8 歲時，隨叔叔誦讀四書：《大學》、《中庸》、《論語》、《孟子》。9 歲起開始住到祖父孟蔭餘家，在孟家的家塾（東野草堂），接受長達十年的啟蒙教育。在東野草堂，黃炎培用不太長的時間又讀完五經：《易》、《詩》、《書》、《春秋左傳》、《禮記》。十年的寒窗苦讀，則不但奠定其國學基礎，也給他讀書人追求功名的道路。黃炎培在清光緒 25 年（1899），時年 21 時在松江府以第一名的成績考中秀才。三年後又中了舉人。

　　惟與當時多數讀書人不同的是，黃炎培是個孤兒，他不得不在求取功名之前先考慮如何謀生的問題。父母去世後，爲生活所迫，他作過百貨店的臨時售貨員、塾師，一面勞作，一面讀書和習作詩文。由於詩文做得好，得到川沙周浦鎮王筱雲先生的賞識，將女兒嫁給他爲妻。

　　在黃炎培接受教育的過程中，姑父沈肖韵是他的一個貴人。黃炎培讀完四書五經後，開始博覽十三經、二十四史、諸家百家、詩詞歌賦等群書，在這方面得力於沈家的豐富藏書。沈肖韵對黃炎培非常的器重，不僅將書齋毫無保留地向他開放，而且鼓勵黃炎培在私塾教育後，報考南洋公學並提供他就學的費用。

（二）就讀南洋公學，受教於蔡元培

　　光緒 20 年（1894）7 月，中日甲午戰爭爆發，清朝政府慘敗於日本，被迫簽訂喪權辱國的馬關條約。由於亡國感的危機意識喚起國人的覺醒，開始維新運動。與維新運動結合而來的是中國近代史上第一次的啟蒙宣傳。許多維新志士紛紛創辦報刊、組織學會、發表演說，提出種種變法條陳。身居上海浦東的黃炎培，耳濡目染這場空前的啟蒙運動，受到很多啟發，尤其讀到嚴復的《天演論》，對「物競天擇，適者生存」的學說，深表認同。

　　光緒 27 年（1901）秋，黃炎培考入上海南洋公學（現上海交通大學）特班（首屆），選學外交科。特班總教習是我國著名教育家蔡元培。他不但教學生讀書、作文，還教學生日文和練習演說。蔡元培的愛國主義、民主主義和教育救國的思想，給黃炎培很大影響。蔡元培立志以教育救中國，以培養革新之人才，推動政治革新。他一改填鴨式的傳統教育陋習，讓學生自由閱讀書籍，並要求學生們每日作讀書筆記，再由他親自批閱，隨後招學生輪流到書房面談討論。黃炎培心悅誠服地接受了蔡元培的諄諄教誨，並逐漸轉化為自己的觀念、準則和行為模式。用黃炎培自己的話說，就是：「最初啟示愛國者，吾師；其後提挈革命者，吾師。」

（三）出入革命與立憲之間

　　光緒 28 年（1902）秋，黃炎培到南京應鄉試，中了舉人。不久，南洋公學發生學潮，學生們因抗議校方開除同學而集體退學。退學

後，黃炎培遵照其師蔡元培的囑咐，回川沙辦理小學堂。他在家鄉一面辦學，一面作喚醒民眾的工作，每週舉辦公開演說會，宣傳中國被列強瓜分的危險局勢。光緒 29 年（1903）6 月 18 日，黃炎培等應邀到南匯縣新場鎮演說，由於地方痞紳誣告他們毀謗皇太后、皇上，南匯縣知縣於 6 月 23 日將黃炎培等 4 位青年逮捕，以革命黨人處理。幸好得到上海基督教堂牧師的出面營救，在 6 月 26 日兩江總督和江蘇巡撫聯署就地正法的電令到達前被保釋出獄，乃在千鈞一髮之際，逃過一劫。其後，在上海水木業老板楊斯盛的安排和支助下，連夜登船離開上海，亡命日本。楊斯盛先生在之後，亦不餘遺力的協助黃炎培辦學，係黃炎培生命中的另一個貴人。

光緒 31 年（1905）黃炎培從日本亡命歸來，經由中國同盟會上海分會會長蔡元培的介紹，加入中國同盟會。光緒 32 年（1906）蔡元培赴德國留學，黃炎培接替蔡元培的職務。同年，黃炎培得楊斯盛出資銀 12 萬兩在浦東六里橋創辦浦東中學和浦東小學，黃炎培出任上海浦東中學校長。在他的努力下，浦東中學很快成為一所知名的新式中學，黃炎培在教育界嶄露頭角。光緒 33 年（1907），有人舉報黃炎培「運動辦學，鼓動排滿革命」，兩江總督端方命令江蘇提學使毛慶蕃徹查。毛提學使愛惜黃炎培的才學，又有鄉紳擔保，此案遂得以無事了結。

惟黃炎培不僅參與革命活動，也參與了君主立憲運動。在這一方面，他受到中國近代實業家、政治家、教育家張謇的影響，先是加入由張謇所發起和領導的江蘇學務總會，並當選常務調查幹事。張謇主張「實業救國」，是晚清時期立憲運動的領袖。宣統元年（1909），

清政府宣布預備立憲，張謇被推爲江蘇諮議局議長，黃炎培則當選爲江蘇諮議局常駐議員，後又任上海工巡捐局議董、江蘇省地方自治籌備處參議。黃炎培徘徊在革命與立憲之間，在這一點上不如其師「革命翰林公」蔡元培在革命理念上之堅定。

（四）為教育救國奔走

早在辛亥革命前，黃炎培即秉持教育救國的理念，先後創辦和主持廣明小學和師範講習所、浦東中學，另在愛國學社、城東女學等新教育團體和學堂任教，並參與發起江蘇學務總會。

1911 年，辛亥革命成功，江蘇巡撫程德全宣布獨立，並出任江蘇都督，黃炎培任都督府民政司總務科長兼教育科長，次年升任江蘇省署教育司長。他任教育司長近三年的任期，全力以赴，改革與發展江蘇省的教育，全面規劃建設了省立高、中等學校和縣立小學。他在江蘇全省創辦師範學校 9 所，普通中學 11 所，還辦了許多工校、農校、商校等職業學校。他亦先後參與創辦及改造東南大學、河海工程學校、暨南大學、同濟大學等高校。遂使當時的江蘇教育事業，名列全國之冠。

1913 年，黃炎培發表《學校教育採用實用主義之商榷》，提倡教育與學生生活、學校與社會實際相聯繫，以矯正傳統教育與生活脫節、與社會脫節，所學非所用，所用非所學，因而學生畢業即失業之弊病。

1914 年，軍閥張勳任江蘇都督，黃炎培恥與爲伍，乃辭官任江蘇省教育會常任調查幹事，潛心研究國內外教育學說，考察教育狀

況，以《申報》旅行記者的身分，先後考察了安徽、江西、浙江、山東、北平、天津等地，目睹了教育與生活、教育與勞動嚴重脫節的現象。隨後又同中國遊美實業團體赴美國考察了幾十個城市和學校，廣泛接觸各界人士，特別注重職業教育的考察，看到美國職業教育之成效卓著，益發覺得中國教育之亟待改革。後又到日本、菲律賓、南洋各地考察。他每次考察都詳細記錄，並結集出版。每次考察皆從中國教育的實際出發，尋求改革的辦法。他總結改革之道係在採行實用主義，並發展職業教育。1915 年參與發起成立全國教育會聯合會，任江蘇教育會會長。

（五）倡導職業教育，並力行實踐

　　1916 年，黃炎培在江蘇建立職業教育研究會，次年又在上海，聯合蔡元培、梁啟超、張謇、宋漢章、嚴修等 48 人教育界與實業界人士，創立中國近代第一個研究、試驗、推行職業教育的全國性團體 ── 中華職業教育社。從此，他把全部精力投注在職業教育事業上。

　　在中華職業教育社，黃炎培被推選為辦事部主任，宣布中華職業教育社的目的係在推廣、改良職業教育，改良普通教育，使「無業者有業，有業者樂業」，達到學校沒有不用的人才、社會沒有不學習就能做的職業、國家沒有不受教育的老百姓、人人皆有樂業的生計之理想。

　　為了宣傳和實踐職業教育，黃炎培創辦了《教育與職業》雜誌。1918 年又在上海市募款創辦了中華職業學校，設木工、鐵工、琺

琅、鈕釦四科，並設附屬工廠。後又增設土木、留法勤工儉學、染織、師範、商業等科。學生實行半工半讀制度。之後，又陸續創辦了中華工商專科學校、南京女子職業傳業所、鎮江女子職業學校、四川都江實用職業教育學校、昆明中華業餘中學、上海比樂中學。後來，又在上海開辦了 7 所中華職業補習學校，同時辦理 1 個職業指導所，提供當時貧窮青年就學和職業介紹。

（六）大職業教育主義思想的形成

1926 年黃炎培總結近十年職業教育發展的經驗，提出「大職業教育主義」的主張，認識到「專守教育崗位，不足以救國」；「辦職業學校的，須同時和一切教育界、職業界的溝通聯絡；提倡職業教育的，同時須分一部分精神，參加全社會的運動。」；「參與一切，有最大的度量容納一切」。這種將職業教育與社會運動充分聯結的精神，不但有助於職業教育在中國的扎根和生長茁壯，也代表了黃炎培的職業教育思想，基本上成熟了。

大職業教育主義強調的是職業教育與社會的溝通。黃炎培所謂職業教育社會化，內容包括：

1. 辦學宗旨的社會化：以教育為方法，而以職業為目的。
2. 培養目標的社會化：在知識技能和道德方面，培養適合社會合作的各行業人才。
3. 辦學組織的社會化：學校的年限、課時、教學安排等，均需根據社會需要和學員的志願與實際條件。
4. 辦學方式的社會化：充分依靠教育界、職業界的各種力量，尤其校

長要擅長聯絡、善用社會各方面的力量。

根據大職業教育主義的思想，黃炎培主張職業教育與平民教育合作，實施平民職業教育；從事農村教育實驗，建立農村改進實驗區；把工作重心從主要辦理職業學校轉向職業補習教育，並且特別提倡和介紹辦理資本小、學習時間短、需要量大、能獨立經營、有教育價值的職業補習學校，如裁縫、洗衣、理髮、修鐘錶、五金、電料製造等，使一般勞動人民，在接受短期的訓練之後，便能獲得一技之長，解決當時中國非常嚴重的失業和生計問題。

（七）九一八事變後，積極投入抗日救亡運動

1931 年 9 月 18 日「九一八事變」爆發後，黃炎培積極投入民族救亡事業。創辦《救國通訊》雜誌，宣傳愛國主義，推動抗日救國。1932 年 1 月 28 日「一二八事變」淞滬抗戰爆發，黃炎培發動上海各界上層人士組織「上海市民地方維持會」，徵募軍需品支援國軍，並維持地方治安和社會金融秩序，在救護、救濟、籌募捐款、供應軍需、勞軍等方面做了不少工作，直到 1937 年 11 月上海淪陷。

面臨中華民族存亡危急之際，黃炎培基於拯救國難、復興民族的信念，提出「團結、生產、國防」三大主張。他認為：「團結增進人的力量，生產增進物的力量，把人和物的力量聯合增進起來，才能夠構成整個國家的力量，才能建立國防。」有了國防力量，才能戰勝日本帝國主義的對華侵略。為此，他四處奔波，向民眾發表演說，向機關、要人上書請願，宣傳解釋他的三大主張。

1937 年 7 月 7 日「七七事變」抗日戰爭爆發後，黃炎培隨國民

政府撤退到大後方重慶，擔任國防會議參議員，1938年受聘爲國民參政會參政員。1941年與張瀾等人發起組織中國民主同盟並任第一任主席，1945年創立中國民主建國會並任第一任主委。此一時期的工作主要在推動各黨派間的合作以及國共的和談以避免內戰，可惜後者終以失敗告終。

（八）中共建國後的政治生涯

中華人民共和國建立後，黃炎培打破「不爲官吏」的立身準則，欣然從政，歷任政務院副總理兼輕工業部部長、全國人大常委會副委員長、全國政協副主席、中國民主建國會中央主任委員等職，並繼續領導中華職業教育社。1965年12月21日病逝於北京，享年87歲，骨灰安放於北京八寶山革命公墓。

三、教育學說

依據孫培青（2000）的論述，黃炎培先生的職業教育思想可以從下列五方面簡要說明之：

（一）職業教育的目的

職業教育的最終目的在於「使無業者有業，使有業者樂業」。「使無業者有業」是指透過職業教育爲資本主義工商業發展造就適用人才，同時解決社會失業問題；「使有業者樂業」則是指透過職業教育形塑成人的道德智能，使之能勝任職務、熱愛工作，進而能有所創

造發明，造福人類社會。

（二）職業教育的作用與地位

職業教育的功能就理論價值而言，在於「謀個性發展」、「爲個
人謀生之準備」、「爲個人服務社會之準備」以及「爲國家及世界增
進生產力之準備」；就教育和社會影響而言，在於透過提高國民的職
業素養，使學校所培養的人才，成爲國家社會有用的人才。

此外，職業教育在學校教育制度上的地位應是一貫的、整體的和
正統的。亦即職業教育應貫徹於全部教育過程和全部職業生涯；職業
教育不僅在學校教育體系中應有一個獨立的職業教育系統，而且其
他各級各類教育也要與職業教育相互協調溝通；職業教育是正統的教
育，是與普通教育等量齊觀的，不可受到偏廢。

（三）職業教育的方針

職業教育的辦學方針在於社會化和科學化。所謂社會化是指職業
教育必須適應社會的需要和發展趨勢；社會需要某種人才，就辦某種
學校。所謂科學化是指無論在物質方面（如專業課程的設置、教材的
編選、教學訓練原則、實習設施的配置等）以及在人事方面（如教育
組織的管理、人員的任用等）都要遵循科學的原則。

（四）職業教育的教學原則

職業教育的教學原則在於「手腦並用」、「做學合一」、「理論
與實際並行」、「知識與技能並重」。

（五）職業道德教育

　　黃炎培非常重視職業道德教育，提出「敬業樂群」四個字，作為職業道德的基本要求，並以之作為中華職業學校的校訓。

四、對教師專業的啟示

　　綜觀黃炎培先生的事蹟與思想，有許多值得教育界學習的地方。首先，職業教育在教育體系中確實有其重要性和應得的地位。誠如黃炎培所言，職業教育既可以讓學生獲得謀生的技能，從而追求個人的美好生活，也可以服務社會，促進一個國家的產業及經濟發展，其重要性實不容忽視。職業教育和普通教育應成為兩個並重而相輔相成的系統，而不應有所偏廢。然在事實上，國人仍有重普通教育、輕職業教育的傾向，在升學主義的推波助瀾下，造成許多高職畢業生仍以升學為要務，這是國家人才培育的浪費。是故如何彰顯技職教育價值，培養具備專業及實作技術能力的優質專業技術人才為產業所用，應是當前我國教育改革的重點工作。

　　然而職業教育固然可以自成一個獨立的系統，但是與各級各類教育的聯結與配合，也是相當重要的工作。教育是一個大系統，次級系統與次級系統之間的協調整合，才可以產生整體的綜效。另外，教育系統也不能自外於外部環境，所以職業教育與社會需求的配合也是很重要的。唯有充分體察產業的需求與發展趨勢，有什麼需求，就辦怎樣的學校，這樣才能避免與產業界產生脫節的現象，甚至可以透過新

技術、新觀念的研究與推廣，而引領產業界的發展。

　　對於現代教師而言，黃炎培的思想與事蹟也有許多的啟示。首先，教師要對教育工作產生高度認同，認定教育是一個可以也必須終身奉獻的工作。就像黃炎培終其一生投入職業教育的發展，乃能對中國大陸的職業教育產生極深遠的影響。誠如臺灣屏風表演班創辦人李國修曾經說過一句話：「一個人的一生只要做對一件事情就可以了。」我們有幸身為一位老師，又何其有幸，終其一生只在做一件有意義的事情：為教育學生服務過、奉獻過。

　　「敬業樂群」的精神，誠是黃炎培留下的文化遺產。所以一位好老師當對教育事業應具有強烈的興趣和好奇心，對自己的工作具有高度的責任心。此外，教育工作絕不是單打獨鬥就能做好的工作，如何與同事在分享合作的文化氛圍下，透過夥伴協作，攜手同心，為教育事業共同打拼，這樣才能創造優質的教育。

　　黃炎培在逆境中奮發向上的精神是值得我們學習的。黃炎培從小就是一個孤兒，但是他從未放棄每一個學習的機會，也就是經由不懈的學習和奮鬥，終能成為一位國學與西學兼備的大學者。是故，老師們何如把握終身學習的精神，在教學知識、技能、態度上，不斷地專業成長，才能成為與時俱進的好老師。

　　黃炎培知行合一、力行實踐的精神也是值得效法的。黃炎培不只倡導職業教育的理念，而且親自創辦一系列的職業學校，這種不空談理論，而能劍及履及的實踐作為，才能結合理論與實務，以理論指導實務，以實務印證理論，最後終能建立一個完整的職業教育理論與實務體系。同樣的，當老師的，也要經由不斷的實踐與反思中，建立起

自己的教學實務智慧。

最後，黃炎培所倡導的實用主義也是很有參考價值的。「教育即生活」、「教育即生長」、「教育即經驗的改造」、「做中學」等理念，是實用主義的巨擘——杜威（John Dewey, 1859-1952）帶給中國教育巨大的影響力。黃炎培受實用主義思想的影響，而能在中國教育界針對時弊，引以爲針砭，也是有其歷史上的貢獻。

五、對教學輔導教師的啟示

黃炎培的事蹟與思想，對於教學輔導教師而言，也是很有應用價值的。首先，在黃炎培學習與成長的歷程中，貴人的相助與啟導起了很大的作用。黃炎培先是受姑父沈肖韵的栽培，其後受楊斯盛的信任與支助，才能順利的辦學。由此可見，生命中的貴人對一個人的影響力有多麼的大。是故，一位好老師不但可以作爲學生生命中的貴人，而且可以作爲夥伴教師在教學生涯中的貴人。經由貴人啟導，把每一位夥伴教師都帶上來。當夥伴教師有了成就，便也是教學輔導教師的成就和安慰。

教學輔導教師制度在本質上也是一種「師徒制」，這種師徒制源遠流長，不但在企業界、醫學界、社會工作界等各種專業，頗爲盛行，在教育界亦值得倡導。良好的師徒制可以發揮無遠弗屆的影響力，就像黃炎培在南洋公學後受恩師蔡元培的啟迪，而在觀念、準則和行爲模式，受蔡元培極大的影響，日後也以蔡元培爲榜樣，而能在政治、教育與社會運動上，有傑出的表現。

作為夥伴教師的師傅教師，教學輔導教師要有「敬業樂群」的精神，要把教育當做一種神聖的事業，不但把教育工作做好，而且願意為之犧牲奉獻；對於同事，維持良好關係，並且透過協同合作，追求共好的境界。這樣的言傳身教，定能對夥伴教師產生潛移默化的作用。

最後，黃炎培所提出的「手腦並用」、「做學合一」、「理論與實際並行」、「知識與技能並重」等教學原則，也是頗適合引以作為教學輔導的原則。是故，教學輔導教師應提供夥伴教師理論與實務並重、知識與技能並重的學習內涵，然後鼓勵夥伴教師透過不斷的做中學，以及經常的反思，才能造就夥伴教師成為一位能手腦並用的傑出教師。

六、結語

中國現代教育史上有「四位聖人」：陶行知是鄉村教育的聖人，晏陽初是平民教育的聖人，陳鶴琴是兒童教育的聖人，而黃炎培是職業教育的聖人。前三位聖人在筆者所著的《中外教育家的故事——兼論在教師專業與教學輔導教師制度的啟示》已有論述，今則補齊第四位聖人的介紹。

就職業教育的聖人黃炎培而言，他能專心致志，鍾情於職業教育，在幾十年的教育實踐中，累積了豐富的經驗，並批判地借鑑吸收歐美、日本等國有關理論與制度，逐步形成了自己一套有特色的職業教育理論，其思想及實踐對中國近現代學制的改革和職業教育發展產

生重大的影響力，誠是中國職業教育的先驅。

　　總而言之，本書所敘述的黃炎培以及孔子、墨子、董仲舒、韓愈、王安石、朱熹、王陽明、顧炎武、顏習齋、蔡元培、張伯苓等12 位傳主，在中國重要朝代上，皆是代表性的楷模典範。其在教育上的影響力無遠弗屆，對現今教師專業及教學輔導教師更有深遠的啟導性。聽其言、觀其行、師其道，方能學為良師，行為世範。

　　教育是一生的志業，誠願為師者，擇一事、做一生、惠眾生。

參考文獻

王永祥（1995）。**董仲舒評傳**。南京市：南京大學出版社。

王明蓀（1994）。**王安石**。臺北市：東大圖書。

王煥琛（1998）。朱熹。載於劉眞（主編），**師道**（頁 140-162）。臺北市：國立教育資料館。

王熙元（1999）。王守仁。載於王壽南（主編），**中國歷代思想家【十三】——陳獻章、王守仁、李贄**（頁 93-191）。臺北市：臺灣商務印書館。

王讚源（1986）。**墨子**。臺北市：東大圖書。

田戰省（主編）（2011）。**影響世界的大教育家**。長春市：北方婦女兒童出版社。

伍振鷟（1986）。**中國教育史論叢**。臺北市：師大書苑。

伍振鷟（2008）。**中國教育史要略**。臺北市：五南。

匡亞明（1990）。**孔子評傳**。南京市：南京大學出版社。

朱義祿（2006）。**顏元、李塨評傳**。南京市：南京大學出版社。

百度百科（主編）（2021 年 2 月 16 日）。**顏元**。取自 https://baike.baidu.com/item/%E9%A2%9C%E5%85%83/13258

百度百科（主編）（2021 年 3 月 13 日）。**朱熹**。取自 https://baike.baidu.com/item/%E6%9C%B1%E7%86%B9/106669

百度百科（主編）（2021 年 3 月 5 日）。**顧炎武**。取自 https://baike.
　　baidu.com/item/%E9%A1%BE%E7%82%8E%E6%AD%A6

百度百科（主編）（2022 年 1 月 13 日）。**黃炎培**。取自 https://
　　baike.baidu.hk/item/%E9%BB%83%E7%82%8E%E5%9F
　　%B9/2769

百度百科（主編）（2022 年 1 月 17 日）。**董仲舒**。取自
　　https://baike.baidu.hk/item/%E8%91%A3%E4%BB%B2
　　%E8%88%92/374982

百度百科（主編）（2022 年 1 月 17 日）。**韓愈**。取自 https://baike.
　　baidu.hk/item/%E9%9F%93%E6%84%88/127407

百度百科（主編）（2022 年 1 月 25 日）。**王安石**。取自 https://
　　baike.baidu.hk/item/%E7%8E%8B%E5%AE%89%E7%9F
　　%B3/127359

何可承（2003）。**朱熹**。香港：中華書局。

宋志明、李新會（2001）。**墨子**。香港：中華書局。

邢兆良（1993）。**墨子評傳**。南京市：南京大學出版社。

阮華風（2005）。**明末清初學術的轉折——以顏元思想為例**（未出
　　版之碩士論文）。國立中興大學，臺中市。

周天度（1984）。**蔡元培傳**。北京市：人民出版社。

林晉右（2018）。**顏元及其《四存編》實學思想研究**（未出版之碩
　　士論文）。國立高雄師範大學，高雄市。

侯杰、秦方（2004）。**張伯苓**。石家莊市：河北教育出版社。

韋政通（1986）。**董仲舒**。臺北市：東大圖書。

孫小金（2001）。**孔子**。香港：中華書局。

孫彥民（1998）。張伯苓。載於劉眞主編，**師道**（頁 322-337）。臺北市：國立教育資料館。

孫培青（主編）（2000）。**中國教育史（修訂版）**。上海市：華東師範大學出版社。

馬勇（2001）。**董仲舒**。香港：中華書局。

張白山（1986）。**王安石**。上海市：上海古籍出版社。

張特生（1978）。韓愈。載於中華文化復興運動總會、王壽南（主編），**中國歷代思想家〔八〕**（243-294）。臺北市：臺灣商務印書館。

張蓓蓓（1999）。孔子。載於中華文化復興運動總會、王壽南（主編），**中國歷代思想家〔一〕**（129-223）。臺北市：臺灣商務印書館。

許紀霖、倪華強（1999）。**黃炎培：方圓人生**。上海市：上海教育出版社。

郭青松（2020）。**解密顏元——梁啟超稱讚具有純現代的精神，曾被罵學霸**。取自 https://www.juduo.cc/history/1017991.html

郭齊家（1990）。**中國教育思想史**。臺北市：五南圖書。

郭齊家、施克燦（1997）。**近代教育家**。臺北市：昭文社。

陳榮捷（2003）。**朱熹**。臺北市：東大圖書。

陶英惠（1999）。蔡元培。載於王壽南（主編），**中國歷代思想家【二十】——孫中山、蔡元培**（頁 153-207）。臺北市：臺灣商務印書館。

焦國城（1997）。救世才士——墨子。臺北市：昭文社。

程運（1998）。韓愈。載於劉眞（主編），**師道**（頁 110-121）。臺北市：國立教育資料館。

黃振球（1998）。董仲舒。載於劉眞（主編），**師道**（頁 93-101）。臺北市：國立教育資料館。

楊景玉（2007）。嚴復對張伯苓教育思想的影響。**洛陽師範學院學報**，**2007** 年第 **1** 期，160-163。

葉緬華（2015）。顏元「四存論」的思想探究（未出版之碩士論文）。輔仁大學，新北市。

葛湘群（2007）。張伯苓以人爲本的高等學校管理思想研究。**繼續教育研究**，**2007** 年第 **2** 期，93-95。

葛榮晉、魏長寶（2000）。一代儒宗顧亭林。臺北市：文津出版社。

賈馥茗、林逢祺、洪仁進、葉坤靈（2003）。**中西重要教育思想家**。新北市：國立空中大學。

廖吉郎（1999）。王安石。載於中華文化復興運動總會、王壽南（主編），**中國歷代思想家〔十〕**（頁 1-87）。臺北市：臺灣商務印書館。

維基百科（主編）（2021 年 3 月 5 日）。**顧炎武**。取自 https://zh.wikipedia.org/wiki/%E9%A1%BE%E7%82%8E%E6%AD%A6

維基百科（主編）（2022 年 1 月 13 日）。**黃炎培**。取自 https://zh.wikipedia.org/wiki/%E9%BB%84%E7%82%8E%E5%9F%B9

維基百科（主編）（2022 年 1 月 17 日）。**韓愈**。取自 https://zh.wikipedia.org/wiki/%E9%9F%A9%E6%84%88

維基百科（主編）（2022 年 1 月 1 日）。**張伯苓**。取自 https://
zh.wikipedia.org/wiki/%E5%BC%B5%E4%BC%AF%E8%8B%93

維基百科（主編）（2022 年 1 月 25 日）。**韓愈**。取自 https://
zh.wikipedia.org/wiki/%E9%9F%A9%E6%84%88

臺北市孔廟儒學文化網（2021 年 3 月 5 日）。**顧炎武**。取自 https://
www.tctcc.taipei/zh-tw/C/sage/confucian/10%7C0/173.htm?4

鄭吉雄（1990）。**王陽明——躬行實踐的儒者**。臺北市：幼獅文化。

鄭貞銘、丁士軒（2019）。**大師巨匠**。北京市：北京聯合出版公司。

謝文全（2012）。**教育行政學（第四版）**。臺北市：高等教育。

魏文華（2000）。**儒學大師董仲舒**。北京市：新華出版社。

羅克典（1983）。**王安石評傳**。臺北市：國家出版社。

Glatthorn, A. A. (1984). *Differentiated supervision.* (From Eric
Document Reproduction Service. No. ED. 245401)

國家圖書館出版品預行編目資料

中國教育家的故事：兼論對教師專業與教學輔
導教師的啟示/張德銳著. ――初版.――
臺北市：五南圖書出版股份有限公司,
2022.08
　面；　公分
ISBN 978-626-343-143-0（平裝）

1.CST: 教育家　2.CST: 傳記　3.CST: 中國

520.98　　　　　　　　　111011950

115P

中國教育家的故事
兼論對教師專業與教學輔導教師的啟示

作　　　者 ― 張德銳

發 行 人 ― 楊榮川

總 經 理 ― 楊士清

總 編 輯 ― 楊秀麗

副總編輯 ― 黃文瓊

責任編輯 ― 李敏華

封面設計 ― 姚孝慈

出 版 者 ― 五南圖書出版股份有限公司

地　　　址：106臺北市大安區和平東路二段339號4樓

電　　　話：(02)2705-5066　　傳　　真：(02)2706-6100

網　　　址：https://www.wunan.com.tw

電子郵件：wunan@wunan.com.tw

劃撥帳號：01068953

戶　　　名：五南圖書出版股份有限公司

法律顧問　林勝安律師事務所　林勝安律師

出版日期　2022年8月初版一刷

定　　　價　新臺幣350元

經典永恆・名著常在

五十週年的獻禮——經典名著文庫

五南，五十年了，半個世紀，人生旅程的一大半，走過來了。

思索著，邁向百年的未來歷程，能為知識界、文化學術界作些什麼？

在速食文化的生態下，有什麼值得讓人雋永品味的？

歷代經典・當今名著，經過時間的洗禮，千錘百鍊，流傳至今，光芒耀人；

不僅使我們能領悟前人的智慧，同時也增深加廣我們思考的深度與視野。

我們決心投入巨資，有計畫的系統梳選，成立「經典名著文庫」，

希望收入古今中外思想性的、充滿睿智與獨見的經典、名著。

這是一項理想性的、永續性的巨大出版工程。

不在意讀者的眾寡，只考慮它的學術價值，力求完整展現先哲思想的軌跡；

為知識界開啟一片智慧之窗，營造一座百花綻放的世界文明公園，

任君遨遊、取菁吸蜜、嘉惠學子！